心と体がのびのび育つ

## 0~2歳児の
## あそび図鑑

池田書店

## この本を手にとってくれた方へ

赤ちゃんと二人で過ごす昼下がり。どうしたらいいだろう、何をして遊んであげたらいいのだろう？ と、途方に暮れたことはありませんか。

機嫌が悪くて、朝から泣いてばかりいる赤ちゃん。どうしたら笑顔になってくれるだろう、と、こちらまで泣きたい気持ちになったことはありませんか。

この本は、そんな新米ママ、パパに向けた、応援歌です。

魔法の遊びは、のっていません。誰も知らなかったような、珍しい遊びもありません。

でも、「こんなのも、遊びになるのか！」という発見にあふれている。「遊んであげなきゃ」という気負いが、少し軽くなる。そんな本を目指しました。

この本で提案しているのは、"視点を変える"ことです。毎日、何の気なしにやっているお世話も、何気ないお散歩も、その中に"楽しさの芽"を見つけることができれば、それは立派な遊びです。無理をして、特別なことをしなくてもいいのです。

赤ちゃんにとっては、特別な遊びだから楽しいということは、ありません。ママとパパが楽しい気持ちでいて、「楽しいよ」「楽しいね」というメッセージを発してくれるからこそ、赤ちゃんも楽しいのです。言い換えれば、遊びの中身はなんでもいい、ということにもなります。

とはいえ、大人の楽しみの押しつけでは、やっぱり赤ちゃんも置いてきぼりになってしまいます。赤ちゃんの認知の能力や、身体能力、心の機能は、大人と比べてかなり違うのです。その特性をよく理解して、いっしょに赤ちゃんとの時間を楽しんでみてください。

この本をつくりたい！と企画した編集者さんも、ほっこり癒しのイラストでいろどってくれたイラストレーターさんも、小さな子どもを抱えて育児真っ最中！の現役ママ。私も、少し昔を懐かしく思い出しながら、執筆しました。

この本が、皆さんの楽しくキラキラした子育てライフの、お役に立ちますように。

波多野　名奈

はじめに … 2
0、1、2歳のできること目安表 … 8
子どもと遊ぶ前に
知っておいてほしい心がまえ … 10

# 0歳

## ねんねしているころ … 16
近づいてにっこり … 18
大かぜ、こいっ！ … 19
モビールゆらゆら … 20
みんなをギュッギュッ … 21
高い声で話しかけ … 22
おむつ替えマッサージ … 23
ぎっちょう米つけ … 24
言葉をまねっこ … 25
抱っこでゆらゆら … 26
おもちゃはどこに？ … 27
ゆすってゆすって … 28
いちりにりさんり … 29
外気浴を楽しむ … 30
やさしくタッチ … 31

## 首がすわったころ … 32
にぎにぎ、てんこてんこ … 34
うつ伏せ遊び … 35
ジャンボクッション … 36
葉っぱをさわさわ … 37
にぎって、ひっぱって … 38
お手々でパクパク … 39
音の出るおもちゃ … 40
180度の世界 … 41
おもちゃが近づくよ … 42
おなかでゆらゆら … 43
お外をお散歩 … 44
手ざわりいろいろ … 45

## 寝返りができるころ … 46
飛行機ブーン … 48
いもむしごろごろ … 49
おもちゃに届くかな？ … 50
ちっち、ここへ … 51
おひざでジャンプ … 52
自分でとってみよう！ … 53
声まねで会話 … 54
足でけってリンリン … 55
いないいないばぁ … 56
鏡でにっこり … 57
にぎりぱっちり … 58
名前をよばれてチラッ … 59
はなちゃん … 60
ちょちちょちあわわ … 61

# INDEX

**おすわりするころ** … 62
ティッシュのかわりに … 64
まねっこお顔 … 65
まわってくるくる … 66
ナイ？ アル？ … 67
葉っぱで綱引き … 68
トントンたいこ … 69
ハイハイゲーム … 70
追いかけっこ … 71
高ばいでゴー！ … 72
ワン、ツー、ピョン！ … 73
うまはとしとし … 74
積み木をドーン … 75
カプセルボール … 76
トンネルハイハイ … 77
コンコン、パチパチ … 78
手づくりマラカス … 79

**つかまり立ちのころ** … 80
箱をよいしょ … 82
おもちゃはどっち？ … 83
おひざを上り下り … 84
ウォーターボトル … 85
足トンネルからおーい … 86
まねっこあいさつ … 87
ひっぱってビヨーン … 88
ボール転がし … 89
穴の中にポトン！ … 90
ちょうだい、どうぞ … 91
かくれんぼでバァー … 92
この指、とーまれ … 93

**まだまだある！ 0歳の遊び** … 94
舌をぺろん … 94
タオルでゆらゆら … 94
同じものを見よう！ … 94
おむつ替えブリッジ … 95
ガシャガシャ、ベコベコ … 95
お家探検隊！ … 95
パパ・ママのリサイタル … 96
絵本で音を楽しもう … 96
おなかをぶぶぶ〜 … 96

発達のしるし

20〜30cmの距離なら見ることができる

▶▶▶ その時期の成長の気づきになるように、代表的な特徴を示しています。

# 1歳

**1歳のころ** … 98
**立っちができるころ**
おくつで外へゴー … 100
はい、タッチ！ … 101
ぎっこんばったん … 102
ここまでおいで … 103
落ち葉遊び … 104
つまんでひも通し … 105
高く積めるかな？ … 106
パッチンボード … 107
フタをクルクル … 108
新聞ビリビリ … 109
クレヨンぐるぐる … 110
お顔がいっぱい … 111
出して、入れて … 112
電話でもしもし … 113
箱の帽子 … 114
あし、あし、あひる … 115
なんでも袋 … 116
動物まねっこ … 117
木の幹をペッタン … 118
バケツで水くみ … 119
○○をください … 120
どんぐりマラカス … 121
転がし投げ … 122
洗濯ばさみつまみ … 123
並べて並べて … 124
型はめパズル … 125
シールをペッタン … 126
布団の坂道 … 127

**ひとりで**
**トコトコ歩けるころ**
お手伝い遊び … 128
スナップボタンで電車 … 129
あがり目、さがり目 … 130
これはなーんだ？ … 131
ハンカチでバナナ … 132
すくえるかな？ … 133
足や腕を通そう！ … 134
タオル入道 … 135
ジャンプの練習 … 136
きせかえ絵本 … 137
砂場でお山 … 138
坂をよいしょ！ … 139
手押し車 … 140
段差をトン＆ジャンプ … 141

**まだまだある！**
**1歳の遊び** … 142
ひっぱってゴー！ … 142
お出かけごっこ … 142
ひみつ基地 … 142
おむつ替えのお手伝い … 143
トントン相撲 … 143
シルエット遊び … 143
いつもの道がジャングル … 144
面ファスナーをビリビリ〜 … 144
パパ・ママコントローラー … 144

# 2歳

INDEX

**2歳のころ** … 146
**自分でできることが増えるころ**
お店屋さんごっこ … 148
ヘビさんにょろにょろ … 149
後ろ向き歩き … 150
小麦粉ねんど … 151
しっぽ、とれるかな？ … 152
積み木でイメージ … 153
低いブロック渡り … 154
だんごむしレース … 155
はっけよーい、のこった！ … 156
今日のおはなし … 157
ボウリングごっこ … 158
おばけだぞー！ … 159

**走ったりジャンプができるころ**
なこうか とぼうか … 160
ひっぱりっこ … 161
おにぎり にぎにぎ … 162
プランター野菜 … 163
動物ジャンプ … 164
段ボール電車 … 165
ケン、ケン、ピョーン … 166
色水でジュース屋さん … 167
鉄棒ブラーン … 168
ふりかぶってポーン … 169
アリさん、こんにちは … 170
小さなママ … 171

**まだまだある！**
**2歳の遊び** … 172
石にお絵描き … 172
影をふめるかな？ … 172
じゃんけんこちょこちょ … 172
楽しいのはどんなとき？ … 173
すべすべ泥だんご … 173
お外でお茶ごっこ … 173

**手遊び歌 0歳**
いっぽんばしこちょこちょ … 174
いとまき … 176
げんこつやまのたぬきさん … 178
あたま かた ひざ ポン … 180

**手遊び歌 1〜2歳**
グーチョキパーでなにつくろう … 182
あんぱん 食パン … 184
とんとんとんとん ひげじいさん … 186
おおきくなったらなんになる … 188
おべんとうばこのうた … 190

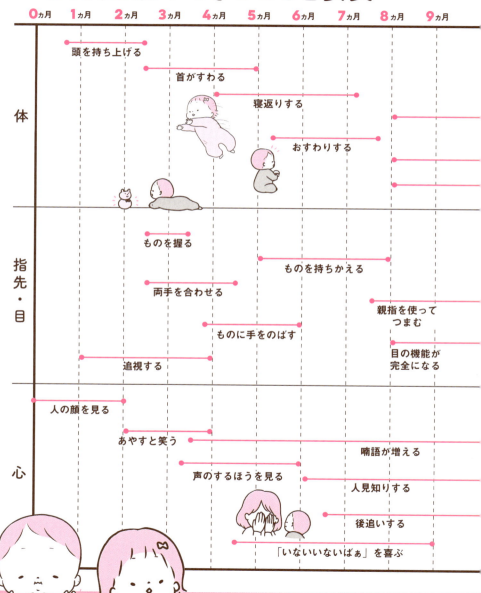

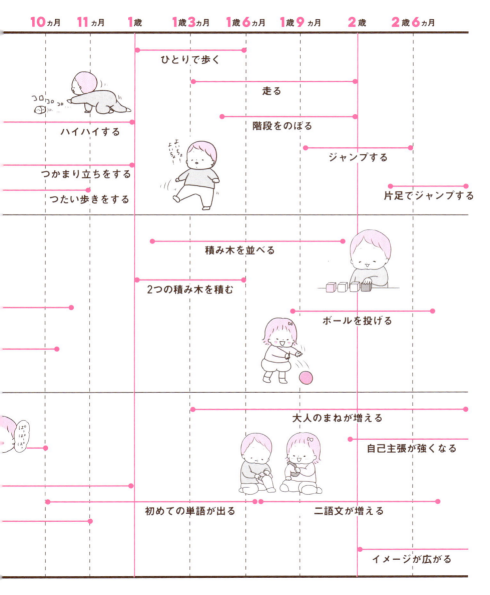

# 子どもと遊ぶ前に知っておいてほしい心がまえ

## 大人がリラックスして楽しむことが肝心です

子どもと遊ぶときになにより大切なのが、大人がリラックスしているということ。すべてを子どもに合わせるのではなく、自分自身が興味のあることを遊びに取り入れてみたらいかがでしょう。音楽が好きなら、子どもといっしょに音楽を楽しんで。絵を描くことが好きなら、並んでいっしょに絵を描いてみたり、料理が好きなら子どもにできる簡単な作業をいっしょにしてみたりするのもいいでしょう。パパとママが楽しんでいることが、子どもにとっても魅力的な遊びになります。だからといって、なんでもしていいわけでありません。次から紹介するポイントに気をつけて、子どもと楽しく遊びましょう。

## 子どもと遊ぶときの7つのポイント

### ① 刺激が強いものは避け ゆっくりのんびりと

子どもは強い刺激が苦手。大音量の音楽や、早すぎるリズム、点滅する光、強すぎる香りは避けてください。スマホやパソコンが手放せない大人は多いかもしれませんが、ひっきりなしに変化する画面や動画は子どもには刺激が強すぎます。大人が見て楽しむだけにとどめておきましょう。

### ② 成果を求めるのではなく、いっしょに楽しむ

子どもにとっては、パパやママといっしょに何かをしているというプロセスこそが楽しさの源泉。どんな作品ができたとか、どんなことができていないという、成果を求めたり評価をしたりしないこと。遊びは訓練や勉強ではありません。「どうしてできないの？」「まだ小さいのに、こんなことができるなんてすごい」ということよりも、「いっしょに楽しむ」ことが大事です。

## 遊ばなくては！と気負い過ぎない

生まれたばかりの赤ちゃんにとっては、「遊び」だから楽しいというわけではないのです。ママやパパなど大好きな人の顔が見えて、声が聞けて、抱っこしてもらって、なでなでしてもらって、自分のことを見てもらえるから楽しいと感じます。だから、「遊んであげなきゃ」と気負う必要はありません。赤ちゃんと楽しくやりとりしていたら、それが立派な遊びになります。

## 手出しせずに見守ることも大事

だんだん成長してくると、子どもは「遊び」そのものに心を奪われて、自分の世界に集中することがあります。自分の力を試したり、想像力で世界をつくりあげたり、疑問に思ったことを確かめたりしようとするのです。そんなときは、大人は一歩離れたところで見守ってあげましょう。子どもがヘルプのサインを出したときにはすぐに応えることができるように、程よい距離感で。

## 子どもが興味を
## もつ環境づくり

見守ることは大切ですが、ただ見ていればいいということではありません。子どもが「おもしろそうだな」「触ってみたい」と思うような、子どもの心をくすぐる環境を用意してあげるのは、大人の大切な役目。子どもは、難しすぎても簡単すぎても心を動かさないものです。発達をよく観察して、今のこの子にピッタリなおもちゃや遊びの内容を用意してあげましょう。

## 大人主導ではなく
## 子どもに寄り添う

遊びの主役は、あくまでも子どもです。子どもが今、感じているであろう気持ちを尊重しましょう。「〇〇くん、ほらこれ、やってみて」「こうやるんだよ」などと、大人が主導になってしまっては遊びになりません。大人は遊びを提案してもいいですが、子どもが今どんな気持ちでいるか、ていねいに汲み取るようにしてください。

# 7

## 子どもの個性に合わせて遊ぶ

発達・発育には個人差があります。ほかの子と比べてうちの子は……と思い悩むのではなく、その子なりの成長の過程を大切に。小さいうちは差があるように見えるかもしれませんが、10年、20年というスパンで見れば取るに足らない差です。また、子どもによって好む遊びは違います。「この時期だからこの遊びがいいに違いない」と決めつけるのではなく、その子が好きな遊びを見つけてあげましょう。

## その子なりの遊びを見つけて

本書に載っている遊びは、あくまでもきっかけのひとつ。子どもと遊んでみて、その子の反応を見て、アレンジしてみましょう。思ってもみないような、いろいろな遊び方が出てくるかもしれません。「この通りに遊ばなくては」ととらわれず、その子なりの遊び方を探して大人もいっしょに楽しんでください。日々のお世話も、やらなければならない作業ではなく、子どもとのコミュニケーションを楽しむための時間ととらえれば、お互い楽しい時間になります。遊び感覚で取り組んでみましょう。

# ねんね
# しているころ

**DATA** 赤ちゃんデータ (0〜2カ月)

身長
- 男の子 44〜59.6cm
- 女の子 44〜58.4cm

(個人差があります)

体重
- 男の子 2.1〜5.96kg
- 女の子 2.13〜5.54kg

新生児のこのころは、昼夜の区別なく寝たり起きたりをくり返してすごします。しばらくは自分の意思とは関係なく、無意識に体が動く「原始反射」が残っています。

0歳 ねんねしているころ

## 心

▶▶▶
この時期の赤ちゃんは、泣くのが仕事。空腹や不快感、不安な気持ちは泣いて訴えるしか手段がありません。とにかくよく泣いて知らせます。

▶▶▶
生まれてすぐの時期に笑顔を見せるのは、無意識で行う生理的微笑。2カ月を過ぎてくると人の顔を認識して笑う、社会的微笑へと移行します。

### お世話の仕方

- 授乳は、赤ちゃんが欲しがるだけ与えます。
- おしっことうんちが頻繁です。おむつ替えはこまめに行います。
- 新生児は新陳代謝がさかんなので、お着替えは頻繁に。

## 体

▶▶▶
新生児期は、「原始反射」が見られます。手をぎゅっと握る把握反射、口に指をつけると吸い付く吸てつ反射、大きな音など外的刺激でビクッとするモロー反射などがあります。

▶▶▶
新生児期の目の焦点が合う距離は、抱っこされたときのママの顔の位置くらいで20〜30cm。成長とともに、見える距離がのびていきます。

### 遊びの目安

- 生まれてすぐは視力が弱く、ものを目で追う追視もできないので、大人は顔を近づけてふれ合います。
- この時期は遊びというよりも、抱っこやタッチによるスキンシップを。
- ママやパパの声かけで安心感を与えます。

# 近づいてにっこり

>>> 【心を育てる】

**遊び方** 赤ちゃんに顔を近づけて目を合わせ、名前を呼びながらニッコリと笑ってアイコンタクトをとります。

発達のしるし
20～30cmの距離なら見ることができる

### 遊びのねらい・育つ力

- 生まれた直後は、ぼんやりともやがかったような視界です。次第に立体視できるようになり、20～30cmの距離に近づくと輪郭が見えるようになるようです。
- 見つめると、見つめ返すようになります。

### ポイント

やわらかな表情とともに名前を呼ぶ、ほっぺを触るなどのスキンシップを。赤ちゃんは安心感に包まれ、精神的に安定します。

# 大かぜ、こいっ！

>>> 【心を育てる】【道具】

**遊び方** スカーフなど薄い布をひらひらとさせて、風を送ったり、布に触れる感触を楽しんだりします。赤ちゃんの目を見て「いくよ〜」「そよそよ〜」など話しかけながら遊びます。

**遊びのねらい・育つ力**

- 赤ちゃんの顔にふわっと風がくる感覚、布の感触を体験させてあげましょう。
- 大人のまなざしや反応が、赤ちゃんの心を育てます。

**ポイント**

すべりがよく触り心地のよい布を用意してください。赤ちゃんの顔に布がかかり過ぎないようにしましょう。

0歳　ねんねしているころ

# モビールゆらゆら

>>> 【体を育てる】【道具】

**遊び方** 赤ちゃんが目につくところにつり下げて、風を送ったり、指でくるくる回すなどして動かします。モビールを手づくりする場合、赤や黄などの見やすい色にしてあげましょう。

**作り方**
つり下げる飾りは、赤ちゃんの顔くらいのサイズに切った厚紙の裏表に、赤や黄などのカラフルな色紙を貼る。竹ひごなどの両端に糸でつるし、釣り合う支点に糸をつけさらに上に1段増やす。

**遊びのねらい・育つ力**
- 風に揺れ、ゆっくりと動くモビールは目で追いやすく、赤ちゃんの興味を引きます。

**ポイント**
同じ方向に下げっぱなしにせずに、たまに位置を変えてあげましょう。反対側などにすると、赤ちゃんは反対側から顔を動かして追視します。人や動物の顔がついていると、赤ちゃんがより注目してくれます。

# みんなをギュッギュッ

>>> 【体を育てる】【心を育てる】

**遊び方**　大人が赤ちゃんの手のひらの真ん中をキュッと押すと、赤ちゃんは把握反射で握ります。大人は「パパ、ママのおててだよー」と目を見て声をかけながら、赤ちゃんの手全体をギュッと握ります。

0歳　ねんねしているころ

### 遊びのねらい・育つ力

- 赤ちゃんが手に触れるものを握ろうとする「把握反射」をいかしてスキンシップ。
- ものをつかみとろうとする意識の芽生えを促します。

### ポイント

把握反射は赤ちゃん自身の意思ではありませんが「ギュッてできたね」「にぎにぎしてね」とやさしく声をかけながら少し手を動かすなどして、手遊びとして楽しみましょう。

# 高い声で話しかけ

>>> 【心を育てる】

**遊び方** 呼びかけるような調子で赤ちゃんの名前を呼んだり、高い声でゆっくり話しかけたりします。

**発達のしるし**
音のする方向を見る

### 遊びのねらい・育つ力

- 赤ちゃんは高い周波数に反応します。
- やさしい声で赤ちゃんに心地よさを与え、脳を活性化させます。

### ポイント

赤ちゃんは「選好注視」という、好むほうに注目する性質を持ちます。胎児のころから聞き慣れたママや家族の声は大好きです。みんなで話しかけましょう。

# おむつ替えマッサージ

>>> 【心を育てる】

**遊び方** おむつを外したとき、赤ちゃんの足をまっすぐにのばして軽くさすりながら「あんよのびのび」とマッサージ。おむつ替えが終わったら「サッパリしたね」と言葉で教えてあげます。

0歳 ねんねしているころ

### 遊びのねらい・育つ力

- 2〜3年は続くおむつ替え。無言で行わず、コミュニケーションを楽しむ時間と思って接します。

### ポイント

おむつ替えで、お尻が清潔になった心地よさを覚えさせます。声かけをしたりマッサージをしたりすることで、1日に何度もおとずれるおむつ替えタイムを楽しいものに。

# ぎっちょう米つけ

>>> 【心を育てる】【わらべ歌】

**遊び方** 歌詞の「ぎっちょう」は、米つきバッタが「ギッチョン」と米をつく動きをあらわしているとか、「ぎっちょう」という木製のつちという説も。音が出るおもちゃを振ったり、指で赤ちゃんをツンツンしてみましょう。

♪
ぎっちょう　ぎっちょう
こめつけ　こめつけ
ぎっちょう　ぎっちょう
こめつけた

**遊びのねらい・育つ力**
- 視線を合わせてゆっくりはっきりと歌い、心身の感覚を育てます。
- 赤ちゃんの心をリラックスさせます。

**ポイント**
赤ちゃんの指を開き、米をつくように手の平をツンツンとつついても楽しいです。大きくなったらお互いにつつき合って、コミュニケーション遊びを楽しむこともできます。

# 言葉をまねっこ

>>> 【心を育てる】

**遊び方** 赤ちゃんの首をしっかり支えて縦抱きにし、目を合わせます。赤ちゃんの顔から20～30cmのところまで近づき、赤ちゃんの「あー」「んくー」という声をまねします。

**発達のしるし**
「あー」「くー」という声を出す

### 遊びのねらい・育つ力
- 1カ月を過ぎるころから、赤ちゃんは「クーイング」という言葉の芽を発するように。
- 声をまねすると、赤ちゃんは「返してくれた！」と喜びを感じます。

### ポイント
抱っこは横抱きではなく、目線が合わせられる縦抱きにしましょう。真正面から目を見て言葉をかけることで、人と人が意思疎通を行う基礎をつくります。

# 抱っこでゆらゆら

>>> 【心を育てる】

**遊び方** 赤ちゃんを横抱きにして目を合わせ、全身を使って大きくやさしく左右に揺らしましょう。まだ首が不安定な場合は、首の後ろを手でしっかりと支えます。

### 遊びのねらい・育つ力

- ゆらゆらと揺らすことで「揺れる」という感覚を経験させましょう。
- 「ゆーらゆーら」など声をかけたり、歌を歌うと赤ちゃんは安心します。

### ポイント

ゆったりと揺らすのがポイント。激しく揺するのはやめましょう。横抱きを嫌がる赤ちゃんは、首を支えて縦抱きでもよいでしょう。

# おもちゃはどこに？

>>> 【体を育てる】【道具】

**遊び方** 赤ちゃんの顔の近くでおもちゃを見せ、右から左へゆっくりとおもちゃを動かし、目で追わせます。色がカラフルなもの、音が出るものが向いています。

0歳 ねんねしているころ

### 遊びのねらい・育つ力

- 首がしっかりしてくるとゆっくり動くものなどを追う、追視が始まります。
- 顔の中心から左右50度の範囲で首を動かすことができます。

### ポイント

赤ちゃんは音に敏感です。名前を呼ぶときには節をつけるように意識して「〇〇ちゃん」と、呼びましょう。それは、赤ちゃんにとって心地よい音楽といえるでしょう。

# ゆすってゆすって

>>> 【心を育てる】【わらべ歌】

**遊び方** 赤ちゃんを横抱きにして、やさしくゆっくり節をつけ、高い声で歌いながら赤ちゃんをゆらゆら揺すります。大人はゆったりとした気持ちで揺らしてあげましょう。

♪
ゆすって　ゆすって
ゆすらんめ
えべっさんになぁれよ

### 遊びのねらい・育つ力

- 赤ちゃんが眠そうなときの子守歌代わりに。やさしく揺らすことで安心感を与えます。
- 揺らすことで赤ちゃんが自然とおなかの筋肉を使い、平衡感覚を養います。

### ポイント

「えべっさん」とは「えびすさん」のこと。えびすさんのようににっこりしてくれることを想像しつつ、やさしく揺すりましょう。

# いちりにりさんり

>>> 【体を育てる】【わらべ歌】

**遊び方** 仰向けに寝かせた赤ちゃんの足先からつけ根、お尻までを段階的に刺激していくふれ合い遊びです。最後の「しりしりー」は抑揚をつけたり、少しためたりと盛り上げましょう。

**1 いちり**
両足の足首や親指を持ち、細かく揺する。

**2 にり**
ひざを持ち、細かく揺する。

**3 さんり**
足のつけ根を持ち、細かく揺する。

**4 しりしり～**
お尻や脇を触り、くすぐる。

♪ いちり　にり
さんり　しりしり～

### 遊びのねらい・育つ力
- 全身に刺激を与えます。
- 段階を追うことで「何が起こるかな?」と、赤ちゃんの期待感が高まります。

### ポイント
声のトーンや揺らし方に強弱をつけながら、ツボを刺激するような感じで。最後にくすぐる場所に変化をつけると、赤ちゃんも大喜びです。

# 外気浴を楽しむ

>>> 【外遊び】【体を育てる】

**遊び方** 天気のよいおだやかな日を選び、赤ちゃんを抱っこしてベランダや窓際、玄関先などに出て日の光や風に触れさせます。リズミカルに動かすと赤ちゃんも楽しくなります。

**遊びのねらい・育つ力**
- 首がすわるまでは無理にお散歩へ出かけなくてもOK。親子の気分転換に。
- 新鮮な風や光が赤ちゃんの肌に刺激を与え、抵抗力をつけます。

**ポイント**
暑すぎる日、寒すぎる日、強風のときは避けましょう。「いい風がくるね」「気持ちいいね」と声をかけながら、赤ちゃんとリラックスした時間を楽しみましょう。

# やさしくタッチ

>>> 【体を育てる】【心を育てる】

**遊び方** 赤ちゃんのおなかやほっぺ、足などをツンツンと、指先でやさしくタッチ。手の平全体を使って、赤ちゃんの体全体をやさしくマッサージするのもおすすめです。

0歳 ねんねしているころ

### 遊びのねらい・育つ力

- まだ自分の意思で体が自由に動かない時期です。
- ボディタッチでコミュニケーションをはかります。

### ポイント

「ちょんちょん」「ツンツン」、または「お・な・か」「あ・ん・よ」など、リズムにのせて鼻歌のように歌いながら行うと、楽しいスキンシップタイムになります。

# 首がすわった ころ

| DATA | 赤ちゃんデータ（3〜4カ月） | | |
|---|---|---|---|
| 身長 | | 体重 | |
| ▶男の子 | 57.5〜66.1cm | ▶男の子 | 5.12〜8.07kg |
| ▶女の子 | 56〜64.5cm | ▶女の子 | 4.84〜7.53kg |
| （個人差があります） | | | |

原始反射が消えてきて、体重は新生児期の2倍、身長は10cmほどのびて体つきがしっかりとしてきます。昼夜の区別がつくようになりますが、まとめて寝るのはもう少し先です。

0歳 首がすわったころ

## 心

▶▶▶ 家族の顔がわかり、あやすと喜んで声を出して笑います。大人も笑顔で応え、おむつ替えのときなども積極的にコミュニケーションをとりましょう。

▶▶▶ 赤ちゃんのごきげんがいいときは「アー」「ウー」など、喃語といわれる声がよく聞かれます。その声に応えて語りかけると、誰の声か聞き分けることができるようになります。

### お世話の仕方

- 母乳を飲む間隔が少し空き、1日8〜12回、ミルクは160〜200mlを6〜7回くらいです。
- 昼間は起きている時間が増え、昼寝は2〜3回くらい。夜の睡眠時間が長くなります。
- 首がすわってくると縦抱きができます。

## 体

▶▶▶ まだ自分からものをつかむことはできませんが、大人がおもちゃなどを手に持たせると、ぎゅっと握ることができます。

▶▶▶ 赤ちゃんの両手を握り、上体をゆっくりと引き上げます。すると、首にぐっと力が入り起き上がった上体といっしょに頭がついてきます。

### 遊びの目安

- 首すわりがしっかりしてきたら、短時間だけうつ伏せで頭を持ち上げられます。
- 音のするほうや、興味のあるものに手をのばします。
- 4カ月ごろには目でみたものを手でつかみます。

# にぎにぎ、てんこてんこ

>>> 【心を育てる】【手遊び】

**遊び方** 赤ちゃんと向き合って目を合わせます。大人は、手を顔の横に持って来て「にぎにぎ」と言いながら手を閉じたり開いたり。次に「てんこ、てんこ」と言って手を横に振ります。

### 遊びのねらい・育つ力

- リズムのよい言葉と動作をくり返すことで、赤ちゃんは遊びを覚えていきます。
- 大人の動作をまね、コミュニケーションをとることで赤ちゃんは満足します。

### ポイント

「てんこ、てんこ」はでんでん太鼓を振るように。どちらも赤ちゃんの反応を見ながら、楽しそうに歯切れよく、リズミカルに行いましょう。

# うつ伏せ遊び

>>> 【体を育てる】【道具】

**0歳　首がすわったころ**

**遊び方**　赤ちゃんをうつ伏せにし、少し先にボールやおもちゃを置いて視線を向けられるようにします。大人もいっしょにうつ伏せになって、視線を合わせましょう。

発達のしるし
頭を持ち上げてうつ伏せができる

ちょっと遠くにおもちゃを置いても…

### 遊びのねらい・育つ力

- 腕やひじで上体を支え、頭を持ち上げて顔を左右に動かすことができます。
- 仰向けとは違う視界が広がり、赤ちゃんの好奇心をくすぐります。

### ポイント

手をのばせば届きそうなところにおもちゃを置いて、赤ちゃんがそれに向かって手を出したら声を出して応援を。赤ちゃんが疲れて、頭が下がってきたら仰向けに戻しましょう。

# ジャンボクッション

>>> 【体を育てる】【道具】

**遊び方** 首が完全にすわったら、赤ちゃんがハイハイで乗り越えていけるようなサイズのクッションを用意し、うつ伏せにして上体を上にのせます。

### 作り方

**1** 毛布が入るくらいの布を用意し、輪にする。輪の反対側と下辺を縫う。

**2** 薄手のタオルケットや毛布を巻いて、1の中に入れる。ほどけないようにひもでしっかりと結ぶ。

### 遊びのねらい・育つ力

- 移動や足をふんばる動きの練習、ハイハイの準備に。
- クッションに手をかけ、体のバランスをとる練習になります。

### ポイント

大人が近くで「こっちにおいで」と呼んでみましょう。ハイハイができるようになったら、クッションを乗り越えて遊ぶようになります。

# 葉っぱをさわさわ

>>> 【心を育てる】【外遊び】

**遊び方** お散歩などで外出したときに、公園に生えている草木を手で触らせます。大人もいっしょに触ってみて「ツルツルしてるよ」「いい匂いがするね」など語りかけます。

0歳 首がすわったころ

### 遊びのねらい・育つ力

- 自然に親しみながら、赤ちゃんとコミュニケーションをとりましょう。
- 草木のさまざまな感触やにおいを楽しみます。

### ポイント

葉っぱでくすぐったり、あおいだり、いろいろな遊び方を考えてみましょう。ただし、落ち葉など汚れたものを赤ちゃんが口に入れないように注意しましょう。道端に生えている雑草は有害なものもあります。見慣れない草は触らないように。

# にぎって、ひっぱって

>>> 【体を育てる】【道具】

**遊び方** 赤ちゃんが5本指で握りやすい、リング状のおもちゃを差し出します。それをつかんだら、渡した大人は手を離さずにひっぱりっこ。

…発達のしるし…
体の正面で両手を交差する

引っ張って遊んでも♪

### 遊びのねらい・育つ力

- 手指全体を刺激し、握る力を意識させます。
- つかんだものを口元へ運び確認しようとします。

### ポイント

子どもがおもちゃを引き戻すようなら、何度かひっぱりっこをくり返します。嫌がるようならやめて、その後は手を離し自由に遊ばせてあげましょう。

# お手々でパクパク

>>> 【体を育てる】

**遊び方** 赤ちゃんが機嫌のよいときに、うつ伏せにします。手を口に見立てて、赤ちゃんの目の間で動かします。赤ちゃんが触りたそうにしていたら近づけたり、体をパクパクとつまむようにします。

0歳 首がすわったころ

### 遊びのねらい・育つ力

- 首がしっかりしてくると、数秒ほど頭を上げキープできるようになります。
- 腕とひじを使って上体を支えます。

### ポイント

うつ伏せは短時間だけにし、赤ちゃんから目を離さないでください。疲れたらすぐに仰向けに戻してあげましょう。また「上手ねー」「楽しいね」などの声かけも忘れずに。

# 音の出るおもちゃ

>>> 【心を育てる】【道具】

**遊び方** ガラガラなど音の出るおもちゃを、手に持たせます。途中でパッと手を離して落としたら、根気強く拾ってあげましょう。

**遊びのねらい・育つ力**
- 音を聴く力、大人とやりとりをする力をのばします。
- 音の出るほうに首を向ける、振り返るなど自分の思い通りに動ける喜びを感じます。

**ポイント**
おもちゃを手に持ち、音が出たら大人が「リンリン」「シャンシャン聞こえたね」など音の世界を言葉で表現してあげましょう。

# 180度の世界
>>> 【体を育てる】

**遊び方** 大人が赤ちゃんの興味を引くおもちゃを手に持ち、赤ちゃんがそれを見たらゆっくりぐるりと180度まわしていき、目で追わせます。

0歳 首がすわったころ

発達のしるし
目で追う範囲が広がる

### 遊びのねらい・育つ力
- 首すわりがしっかりとしてくると、追視できる範囲が180度くらいまで広がります。
- 「見たい」という気持ちを原動力に、目で追うようになります。

### ポイント
仰向けでも、うつ伏せや抱っこでもOK。自分の意思で、顔をさまざまな方向に動かせる楽しさを味わえるように。

# おもちゃが近づくよ

>>> 【心を育てる】【道具】

**遊び方**　赤ちゃんと向き合い、左右どちらかから手に持ったおもちゃを近づけます。赤ちゃんの反応をみて右から左へ、左から右へ動かしたり目の前でピタッととめたりして遊びます。

手前で急にとめてもつかまえようとする。

縦方向の移動は、まだ目で追うことができない。

発達のしるく
相手の動きが予測できる

### 遊びのねらい・育つ力

- 横移動なら、ものが自分の前に来ることを予測できます。
- 縦移動は、8ヵ月以降から予測できるようになります。

### ポイント

おもちゃが右から来たら右手を、左から来たら左手をのばし、つかもうとします。動かすスピードに変化をつけたり、つかませてあげてもよいでしょう。トントンと体の上を上り下りさせて遊んでも喜びます。

# おなかでゆらゆら

>>> 【体を育てる】

**遊び方** 大人が仰向けに寝転がり、赤ちゃんをうつ伏せにしておなかの上にのせます。赤ちゃんの体をしっかり抱っこして、ゆらゆら揺らしてあげましょう。

0歳　首がすわったころ

### 遊びのねらい・育つ力
- やわらかく不安定なところで遊ぶことで、バランス感覚を養います。
- 体を密着させて、スキンシップをはかります。

### ポイント
赤ちゃんをうつ伏せから仰向けにする、大きく揺らす、「落ちる落ちる～」「ぽよ～ん、ぽよ～ん」などの声かけをするなど、変化をつけて遊んでみましょう。

# お外をお散歩

>>> 【心を育てる】【外遊び】

**遊び方** 1日1回を目安にお散歩に出かけましょう。「風の音がさらさらするよ」「電車が来たよ」など、周囲の様子を言葉にして話しかけを。外の世界は刺激がいっぱいです。

**遊びのねらい・育つ力**
- 周囲への興味を育て、音や風、光を体感させます。
- 外気に触れることで抵抗力がつきます。

**ポイント**
首がすわってくると、お散歩にも連れて行きやすくなります。日差しが強いときには紫外線対策も忘れずに。お散歩に出かける時間帯をおおよそ決めておくと、1日の生活リズムが安定します。

# 手ざわりいろいろ

>>> 【体を育てる】【心を育てる】【道具】

**0歳 首がすわったころ**

### 遊び方
開いている手に、パイル地などやわらかくフワフワした感触のおもちゃや、ガラガラなどを持たせましょう。握りしめて、手を動かして振ることができます。

**発達のしるし**
持ち手が細いおもちゃが持てる

音の出るおもちゃ♪
やわらかいタオル
ほかにも…
ふわふわのぬいぐるみ
シャカシャカの布
etc…

### 遊びのねらい・育つ力
- ものが握れるようになったら、いろいろな感触を楽しませましょう。
- ものをつかむ練習になり、音が出ると刺激にもなります。

### ポイント
まだ自分から手をのばさない赤ちゃんには、大人が持たせてあげます。なんでも口に入れる時期なので、目を離さないようにしましょう。

# 寝返り
## ができるころ

**DATA** 赤ちゃんデータ（4～6カ月）

| 身長 | 体重 |
|---|---|
| ▶男の子 59.9～70.4cm | ▶男の子 5.67～9.2kg |
| ▶女の子 58.2～68.7cm | ▶女の子 5.35～8.67kg |

（個人差があります）

体を腰からひねり、ころんと寝返りがうてるようになるころ。6カ月ごろは、ママからもらった免疫がきれ、突発性発疹や風邪にかかることもあります。

## 心

▶▶▶
パパやママなど、身近な人とそうではない人の顔の区別がつくようになります。名前を呼ぶと振り向き、笑いかけると笑顔を返します。

▶▶▶
手指がより器用になって、欲しいものに手をのばします。届かないと体をひねったり、つかんだものを持ち替えたりすることもできます。

### お世話の仕方

- 母乳は1日8〜12回、 ミルクは200〜220mlを5回くらいになります。
- 5〜6カ月になったら様子を見ながら1日1回、午前中の決まった時間に離乳食をスタート。

## 体

▶▶▶
首が180度自由に動き、視界が広くなります。動くものを目で追う追視の力が高まり、小さなものを見る力もつきます。また、声や音のするほうにパッと振り向きます。

▶▶▶
仰向けの状態から、腰をひねるように片足をまわし、そのあと上半身をうつ伏せにします。寝返りは個人差があるので、あわてず見守りましょう。

### 遊びの目安

- 寝返りで思わぬ場所へ移動していることも。床にベビー用マットなどを敷いて。
- なんでも手にとり口に入れる恐れがあるので、誤飲には十分気をつけましょう。
- ソファーやベッドからの転落に注意。

0歳 寝返りができるころ

# 飛行機ブーン

>>> 【体を育てる】

**遊び方** 寝返りをするころの赤ちゃんをうつ伏せにすると、おなかを軸にして両手足と顔を上げ、飛行機のようなポーズをとります。とらない子もいますので、もしやらなくても心配しないで。

発達のしるし: うつ伏せで両手足を上げる

### 遊びのねらい・育つ力
- 手足を床から浮かせることで、背すじの強化になります。
- 短時間ですが顔を上げて、ねんね期とは違う景色を見ることができます。

### ポイント
カラフルなおもちゃなどを目の前に置くと、手をのばして体をよく動かそうとします。このポーズができるようになったら、寝返りはもうすぐ。

# いもむしごろごろ

>>> 【体を育てる】【わらべ歌】

**遊び方** 寝かせた赤ちゃんの前で「いもむしご〜ろごろ」と節をつけて歌い、ボールをころころ転がしながら、赤ちゃんの体のひねりや移動を誘います。

0歳 寝返りができるころ

♪
いもむし　ごろごろ
ひょーたん　ぽっくりこ

### 遊びのねらい・育つ力
- 寝返りをするための、腹筋や背筋を強化します。
- 左右へ振ることで、左右両側への寝返りを促します。

### ポイント
ボールは赤ちゃんが目で追いやすいようにゆっくりと振ります。周囲のものを片づけ、180度くらいの広い範囲で動けるような環境をつくってから遊びましょう。

# おもちゃに届くかな？

>>> 【体を育てる】【道具】

**遊び方** ここまで手が届くかな？ というくらいの距離に、おもちゃをつるします。おもちゃを近づけたり、少し離したりして遊びましょう。

**遊びのねらい・育つ力**
- 手の把握反射が消えてくると、ものをしっかりと手で触って楽しむようになります。
- どれくらい手をのばせばものがとれるのか、という判断力を養います。

**ポイント**
おもちゃをつるすときは、赤ちゃんの頭から20〜25cmほど上のところに。手をのばせば届く位置にすることが大切です。

# ちっち、ここへ

▶▶▶ 【体を育てる】【わらべ歌】

**遊び方** 大人が赤ちゃんをひざにのせて、赤ちゃんの手をとり、歌いながらいっしょに楽しみます。最後の「とんでいけ〜」のところはオーバーリアクションで。

## 1
ちっちここへ
と〜まれ
ちっちここへ
と〜まれ

開いた片手のひらを、もう片方の手の指でつついたり、両手の指を合わせる。

♪
ちっち　ここへとまれ
ちっち　ここへとまれ
とまらんちっちは
とんでいけ

## 2
とまらんちっちは
とんでいけ〜

「とまらんちっちは」までは**1**と同じ。「とんでいけ〜」でバンザーイ！

### 遊びのねらい・育つ力

- 手は、自分の体の一部という認識がはっきりするころ。
- 両手の指同士を合わせるなど、手先の機能を高めます。

### ポイント

リズミカルに楽しい雰囲気で、手に注意がいくように歌います。最後のバンザイで、抱きしめてあげるのもよいでしょう。

0歳　寝返りができるころ

# おひざでジャンプ

>>> 【体を育てる】

**遊び方** 赤ちゃんの両脇にしっかり手を入れて縦抱きにします。正座した大人のひざに赤ちゃんを軽く立たせ、ひざの屈伸に合わせてジャンプさせます。

…発達のしるし…
足をつっぱらせるような動きをする

**遊びのねらい・育つ力**
- 両脇で体を支えて立たせると、自分から足をつっぱり下半身の運動になります。
- ジャンプをして高い視野を楽しめます。

**ポイント**
赤ちゃんのひざの動きに合わせて、ジャンプするタイミングをはかります。ジャンプに合わせて「ぴよ〜ん」など声をかけてあげましょう。

# 自分でとってみよう!

>>> 【体を育てる】【道具】

**遊び方** 仰向けやうつ伏せで寝ている赤ちゃんの近くにおもちゃを置き、自分でつかみにいく遊びです。手の届く範囲から少しずつ距離を離していきます。

0歳 寝返りができるころ

少しずつ遠くへ置く

### 遊びのねらい・育つ力

- 探求心が旺盛になり、自分で上手にものをつかめるようになります。
- おもちゃまでの距離を判断し、寝返りから腰をひねる、足を交差させるなど体勢を変えます。

### ポイント

最初は近くに置き、欲しいものがつかめた達成感を味わえるように。それから徐々に置く場所を遠くし、寝返りを促します。

# 声まねで会話

>>> 【心を育てる】

**遊び方** 赤ちゃんが「バァー」「グー」など声を出したら大人がまねをして、「バァー?」「グー?」などのように応えるまねっこコミュニケーションです。

発達のしるし
周囲の声に応えるように声を出す

**遊びのねらい・育つ力**
- 家族の顔や声を認識できるころ。声を出しやりとりをする会話の始まりです。
- 自分の声がまねされることで、自分の発声を理解することができます。

**ポイント**
まねをするときは、はっきりとした声で。そのとき、顔の表情をおおげさにして、実際の会話を楽しんでいるような雰囲気をつくりましょう。

# 足でけってリンリン

>>> 【体を育てる】【道具】

**遊び方** 赤ちゃんの両足首に、鈴や音が出るおもちゃを巻きつけます。最初は大人が足首を持って音を出しているうちに、自分の足から音が出ることに気がつきます。

### 遊びのねらい・育つ力

- 大人がサポートすることで、自分の意思で足を動かすようになります。
- 足を持ち上げ、自分から遊ぶようになります。

### ポイント

「リンリン鳴ってるよ」など声をかけながら、赤ちゃんが足を動かすと音が出ることを発見できるように促します。わかったら「えらいね、わかったね」とほめてあげましょう。

# いないいないばぁ

>>> 【心を育てる】

**遊び方** 赤ちゃんと目を合わせ「いないいない」と言いながら、両手で顔を隠します。次に「ばぁ」と言って両手を外してニッコリ。ハンカチに隠れる、表情を変化させるなど楽しんで。

### 遊びのねらい・育つ力

- 家族と他人を見分けたり、短期的な記憶力がついたりするころです。
- ママやパパの顔が隠れても「いつ出てくるかな?」と、赤ちゃんは期待して待ちます。

### ポイント

慣れてきたら「ばぁ」と言うまでの間を長くしたり、予想を裏切って短くするなど変化をつけて。にらめっこのようにいろいろな表情で顔を出して、試してみましょう。

# 鏡でにっこり

>>> 【心を育てる】【道具】

**遊び方** 赤ちゃんを抱っこして手鏡や姿見、洗面台などの鏡に向き合います。鏡越しに映った赤ちゃんに、手を振るなど動きもつけてみましょう。

0歳 寝返りができるころ

### 遊びのねらい・育つ力
- 鏡に映っているのが自分だと気がつくのは、1歳ごろから。
- 人が映っていることは理解し、ママやパパはわかります。

### ポイント
不思議そうに見ている赤ちゃんに、鏡を通して笑いかけてみましょう。「だれかな〜?」「あれ? だれだろう?」と声をかけながら、赤ちゃんの好奇心を刺激します。

# にぎりぱっちり

>>> 【心を育てる】【わらべ歌】【道具】

**遊び方** この時期になるとおすわりもしっかり安定しているので、向かい合って遊べる手遊びを。手の中に隠した布を、鳴き声とともに開いて見せます。

## 1
にぎり
ぱっちり
たてよこ
ひよこ

手の中に布を隠し、上下に振りながら歌を数回くり返す。

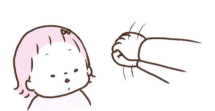

♪
にぎり　ぱっちり
たてよこ　ひよこ
ぴよぴよ～

布の代わりにおもちゃでも…

## 2
ぴよぴよ～

手を開き、中の布を見せる（張りのある布だと、開いたときに膨らんで楽しい）。

**遊びのねらい・育つ力**
- 歌に合わせて赤ちゃんの動きや興味を誘います。
- 手の中から何があらわれるのか、期待感が高まります。

**ポイント**
布の代わりにお手玉や小さなぬいぐるみ、赤ちゃんの大好きなものを入れてみても。赤ちゃんの手をとり「ぴよぴよ」を「もみじの手～」というバージョンもできます。

# 名前を呼ばれてチラッ

>>> 【体を育てる】【心を育てる】

**遊び方** 腹ばいになっている赤ちゃんに、斜め後ろから名前を呼びます。声のするほうに振り向いたら成功。体をひねってこちらに「ずりばい」してくるように、何度か名前を呼んでみましょう。

0歳 寝返りができるころ

### 遊びのねらい・育つ力
- 飛行機のポーズ（P.48）の次は、体をひねり回転移動（ピボットターン）をしようとします。
- 見たい、知りたいという欲求が体の発達を促します。

### ポイント
名前を呼びっぱなしにせず、お気に入りのおもちゃを見せたり、動くもので興味を引いたりして遊びにつなげましょう。

# はなちゃん

>>> 【心を育てる】【わらべ歌】

**遊び方** 赤いほっぺをイメージした、ふれ合い遊びです。ゆったりとしたテンポで、節をつけて歌いながらやさしく顔に触れましょう。

**1**

はなちゃん
鼻をちょんちょんと2回タッチ。

**2**
りんごを
左右のほっぺを2回、やさしくタッチ。

♪
はなちゃん
りんごを　たべたいの
はなちゃん

**3**
たべたい
口を2回タッチ。

**4**

の
おでこを2回タッチ。

**5**

はなちゃん
最後に、鼻をちょんちょんと2回タッチ。

**遊びのねらい・育つ力**
- やさしくふれ合うことで親子のきずなを深めます。
- 「次はどこを触ってくれるかな？」と、赤ちゃんの期待感が高まります。

**ポイント**
ベビーラックやパパのひざの上などに赤ちゃんをのせて、正面から顔を合わせましょう。「はなちゃん」のところを、赤ちゃんの名前に変えて楽しんで。

# ちょちちょちあわわ

>>> 【心を育てる】【わらべ歌】

**遊び方** 楽しい言葉が繰り返される手遊び歌です。赤ちゃんがひとりでまだ動作ができないうちは、大人のひざにのせて両手を持ち、歌いながらいっしょに遊びましょう。

### 1

**ちょちちょち**
赤ちゃんの両手を持ち、手のひらを打ち合わせる。

### 2

**あわわ**
赤ちゃんの口もとに手を持っていく。

### 3

**かいぐり かいぐり**
赤ちゃんの胸元で両手を「糸巻き」と同様にくるくるまわす。

♪
ちょちちょち　あわわ
かいぐり　かいぐり　とっとの目
おつむてんてん　ひじ　ぽんぽん

### 4

**とっとの目**
赤ちゃんの片手の手のひらを上に向け、もう片方の手の指でつつく。

### 5

**おつむてんてん**
赤ちゃんの両手を頭の上に持ってきて「てんてん」と2回当てる。

### 6
**ひじぽんぽん**
赤ちゃんの片手のひじを、もう片方の手で「ぽんぽん」と触る。

**遊びのねらい・育つ力**
- くり返しの多い遊び歌は、言葉の発達を促します。
- 大人と一体感を持って楽しめるので赤ちゃんは満足感が味わえます。

**ポイント**
0歳から大きくなるまで遊べる手遊び歌です。ねんね期は、大人がやっている姿を見せるだけでも、楽しい雰囲気が伝わります。

0歳　寝返りができるころ

# おすわりするころ

**DATA　赤ちゃんデータ（6〜8カ月）**

身長
- 男の子 63.6〜73.6cm
- 女の子 61.7〜71.9cm

（個人差があります）

体重
- 男の子 6.44〜9.87kg
- 女の子 6.06〜9.37kg

ねんね期から卒業して、おすわりができるころ。寝たり起きたりの生活から、昼夜の区別がはっきりとした1日を過ごし、基本的な生活習慣も身につけていきます。

## 体

▶▶▶ 最初は両手で上体を支えながら。腰がしっかりしてくると両手を離し、背すじをのばしておすわりができるようになります。ねんね期よりも視界がぐんと広がります。

▶▶▶ うつ伏せの状態から、手足を使ってハイハイができるころ。上手に四つんばいになれなくても、ほふく前進のような「ずりばい」から始まる赤ちゃんもいます。

### 遊びの目安

- 目と手の協調が進みます。
- 安定しておすわりができるようになっていきますが、前や後ろへの転倒に注意。
- 両手を上手に使い、ものを持ち替えたり打ち鳴らすことができます。

## 心

▶▶▶ 指さしが始まるころ。欲しいものがあると指をさし、「あーあー」「ん、ん」など声も出しながら、大人に意思を伝えようとします。

▶▶▶ 記憶力が発達し、後追いがはじまります。部屋の中で、少しでもママの姿が見えなくなると不安になって泣いたり、ママが移動すると後を追いかけたりします。

### お世話の仕方

- 母乳は1日5〜7回、ミルクは200〜220mlを5回くらい。
- 慣れてきたら離乳食も1日2回くらいに。
- 離乳食後などに、ベビー用歯ブラシを手に持たせて歯磨き習慣をつけましょう。

0歳 おすわりするころ

# ティッシュのかわりに

>>> 【体を育てる】【道具】

**遊び方** 端を結んでつなげたハンカチをティッシュの空き箱に入れ、穴から少し出しておくと喜んで引き出します。最後まで出したらまた入れます。

本物は死守！

### 遊びのねらい・育つ力
- なんでもつかみ、ひっぱりたい時期の欲求を満たします。
- 引き出す遊びで手指の発達を促します。

### ポイント
赤ちゃんは、ティッシュをひっぱり出す動作が大好き。代わりにハンカチを入れて、赤ちゃんも満足、ママもパパも片づけがラク！

# まねっこお顔

>>> 【心を育てる】

**遊び方** 赤ちゃんと向き合い、顔を合わせます。にらめっこのように、いろいろなヘン顔や表情をしてみせ、赤ちゃんにまねをしてもらいます。

0歳 おすわりするころ

**遊びのねらい・育つ力**
- つられて同じ顔をするだけでなく、自分の意思でまねしようとします。
- 人の表情を見る観察力が身につきます。

**ポイント**
「いないいないばぁ」(P.56)のときのように、いったん顔を隠さなくても表情の変化についていくことができます。上手にまねができたらほめてあげましょう。

# まわってくるくる

>>> 【体を育てる】

**遊び方** 赤ちゃんの両脇をかかえてしっかり持ち上げ、ゆっくりと360度回転します。右まわりや左まわり、水平に抱き上げ飛行機のように旋回してもよいでしょう。

**遊びのねらい・育つ力**
- 回転することで、いつもと違った視点が楽しめます。
- 遠心力や当たる風などを感じ、五感に働きかけます。

**ポイント**
「まわるよ〜」「くるくるするよ〜」「離陸しま〜す」など声かけをしながらゆっくりと。速くまわしたり、上下に激しく揺すったりするのは危険なのでやめてください。

# ナイ？ アル？

>>> 【心を育てる】【道具】

**遊び方** 赤ちゃんがじっと見ているおもちゃを、布で隠します。少し間をおいてから、布をとってまたおもちゃを見せます。布をとりのぞくと「あった！」という顔をしてくれるでしょう。

赤ちゃんが見ているおもちゃに布をかける

そのまま少し様子を見る

布をとる

### 遊びのねらい・育つ力

- 目の前のものが見えなくなったら「ない」ものでしたが、月齢が上がるとおもちゃを探して布をとろうとします。
- 「見えなくてもある」ことを認識します。

### ポイント

布をとるときに「ばぁー」と言いながら少し大げさに。赤ちゃんは、おもちゃがまたあらわれるとうれしそうな顔になるはず。赤ちゃんの見ている前で、お布団やカーテンに隠しても楽しいです。

0歳 おすわりするころ

# 葉っぱで綱引き

>>> 【体を使った遊び】【外遊び】

**遊び方** お散歩中、ひと休みしたときにできる遊び。やわらかくてきれいな葉の両端を、大人と赤ちゃんで片方ずつ持ちひっぱり合う、葉っぱの綱引きです。

**遊びのねらい・育つ力**
- ものをつかむ力、欲しいものを認識する力をつけます。
- 葉の感触を確かめ、薄い葉はちぎれるなど葉の特性を通して自然とふれ合います。

**ポイント**
葉はきれいなものを使いましょう。ひっぱり合いをするとき、大人はやさしい力で。葉の代わりにハンカチやタオルを使ってもよいでしょう。

# トントンたいこ

>>> 【体を使った遊び】【道具】

**遊び方** 段ボールや空き箱など、たたくと音がよく鳴るものを用意します。それをひっくり返してたいこ代わりにし、トントンと手でたたきます。

発達のしるし
おすわりしたまま両手を使う

### 遊びのねらい・育つ力
- おすわりが上手になり、両手が使えるようになると、手を使った遊びが楽しくなります。
- ものをたたくと、いろいろな音が出ることを発見します。

### ポイント
おすわりがまだ上手ではない赤ちゃんは、大人のひざの上にのせて。身のまわりで、音が出るものを探して活用してみましょう。楽器のおもちゃでもOK。

0歳 おすわりするころ

# ハイハイゲーム

>>> 【体を育てる】

**遊び方** 寝返りができるようになったら、赤ちゃんから少し離れた場所にお気に入りのおもちゃを置いたり、大人が座ったりして「こっちだよ」とハイハイを促します。赤ちゃんはどれを選ぶかな？

**遊びのねらい・育つ力**
- 腹ばいになって顔を上げるようになると、視野と興味がいっきに広がります。
- 体を使って移動しようとする意欲を高めます。

**ポイント**
最初は、腕の力だけで前へ進もうとします。そのうち足の指を使い、体をひねりながら移動しようとし、ハイハイへとつながります。

# 追いかけっこ

>>> 【体を育てる】

**遊び方** 赤ちゃんがハイハイできるようになったら、後ろから赤ちゃんのペースに合わせて追いかけます。赤ちゃんが振り返るのを待ち、また追いかけます。

### 遊びのねらい・育つ力

- ハイハイを促す遊びです。
- 足腰を丈夫にし、背すじをきたえます。
- 楽しさを覚えると、追いかけてくるのを待つようになります。

### ポイント

追いかけっこのスタートは、赤ちゃんが大人のほうを向いているときに。急に「待て待て〜」と追いかけられる楽しさ、びっくりを体験します。

# 高ばいでゴー！

>>> 【体を育てる】【道具】

**遊び方** 部屋の中に布団やマットなどで段差コーナーをつくり、赤ちゃんが高ばいで進めるようにします。お手製のジムで運動させましょう。

### 遊びのねらい・育つ力
- ハイハイの姿勢で移動することで、バランス感覚を養います。
- 手足の力を使って高低差を乗り越え、傾斜をはい上がることができます。

### ポイント
手足が絡まり前のめりで転がらないよう、大人は常にサポートを。赤ちゃんが頭をしっかりと上げて高ばいできるように、前方で声かけをしてあげましょう。

# ワン、ツー、ピョン！

>>> 【体を育てる】【外遊び】

**遊び方** 赤ちゃんを縦抱きにしてお散歩のときに「ワン、ツー、ピョン！」と、歩行にリズムをつけます。赤ちゃんに少し振動が伝わるくらいに、軽く跳ねてみましょう。

### 遊びのねらい・育つ力

- 大人がつくる躍動感が刺激になって、赤ちゃんも楽しくなります。
- バランス感覚を養います。

### ポイント

お家の中でも、ぐずり出したときにやると気分転換にもなります。跳ねるときには赤ちゃんの首の後ろをしっかりと支えましょう。

# うまはとしとし

>>> 【体を育てる】【心を育てる】【わらべ歌】

**遊び方** 大人の足を馬の背中に見立てて赤ちゃんを乗せ、歌いながら上下にゆらゆらと揺らします。「パカッパカッ」のところで、揺れを少しだけ大きくし、床にストンと座らせます。

♪
うまは　としとし
ないても　つよい
うまは　つよいから
のりてさんも　つよい
パカッパカッ

### 遊びのねらい・育つ力
- 乗馬感覚で、赤ちゃんは全身の筋肉を使います。
- リズミカルに揺すられる楽しさが味わえます。

### ポイント
「のりてさん」のところを赤ちゃんの名前に変えてみましょう。大人と赤ちゃんが手をつなぎ向き合って、足に赤ちゃんをまたがせると、赤ちゃん自身で跳ねるようになります。

# 積み木をドーン

>>> 【体を育てる】【道具】

**遊び方**　おすわりした赤ちゃんの前に、大人が3〜4個の積み木を積み上げます。すると赤ちゃんが触れようとし崩れます。また積み上げると今度はわざと崩すようになります。

**遊びのねらい・育つ力**
- 積み木を自分で積み上げられるようになるのは、1歳くらいから。
- わずかな力でも音を立てて崩れる、という作用を覚えくり返し楽しむようになります。

**ポイント**
積み木は、赤ちゃんがつかめるサイズの立方体で。積み木が崩れると同時に「うわ〜っ」「きゃ〜」とオーバーリアクションにすると赤ちゃんも大満足。

0歳　おすわりするころ

# カプセルボール

>>> 【体を育てる】【道具】

**遊び方** 空のカプセルケースにビーズを入れて閉じ、音の出るおもちゃにします。転がす、手に持って振る、ふたつ持って打ち合わせるなどして遊びます。

### 作り方

**1** 小さなおもちゃが入っている空きケースに、ビーズを入れる。

**2** 接着剤やビニールテープなどで、開かないようにしっかりとめる。

### 遊びのねらい・育つ力

- 目で見たものを、手を使ってどう動かすのかという「目と手の協応」を促します。
- おすわりしながら視覚、聴覚に刺激を与えます。

### ポイント

ボールはいくつか用意します。落としたり、放り投げたりして遠くへ転がってしまったらもうひとつ手渡してあげましょう。

# トンネルハイハイ

>>> 【体を育てる】【道具】

**遊び方** 段ボールで短いトンネルをつくって床に置き、赤ちゃんをハイハイでくぐらせて遊びます。2〜3個つくってコースにしても楽しめます。

**作り方**

**1** 開いた段ボールのベロ部分を切るか、または内側に折り込みガムテープでとめる。

**2** 側面を布や折り紙などを貼り飾る。

**発達のしるし** 四つんばい、高ばいをする

大人にはキツい…

### 遊びのねらい・育つ力

- ハイハイで全身の運動機能を高めます。
- トンネルをくぐることで空間の認識力をつけます。
- 手のひらの皮膚感覚を刺激します。

### ポイント

首がすわったころの「ジャンボクッション」(P.36) 越えにも再チャレンジ。今度はラクに乗り越えられるかもしれません。

# コンコン、パチパチ

>>> 【体を育てる】【道具】

**遊び方** おすわりをした状態で積み木をふたつ持たせると、両手を合わせるようにコンコンと打ち鳴らします。座ったまま、両手をパチパチたたく動作も見られるようになります。

**発達のしるし**
両手の動きをシンクロさせる

**遊びのねらい・育つ力**
- 片手に持ったものを打ちつけていた動作から、両手に持ったもの同士を打ち合わせることができるように。
- 手指のコントロールが上達します。

**ポイント**
両手で同じ動作をするのは、なかなか難しいもの。最初はきっかけとして、大人がやって見せてあげるとよいでしょう。

# 手づくりマラカス

>>> 【体を育てる】【道具】

**遊び方** ラップの芯でつくったマラカスを、赤ちゃんに持たせます。振って音を鳴らしたり、右手から左手に持ち替えたりして遊びます。

発達のしるし
持っているものを持ち替える

0歳 おすわりするころ

### 作り方

**1** ラップの芯に鈴を入れ、上下の穴にラップをしてビニールテープを巻く。

**2** 側面に接着剤をつけた紙を巻く。

### 遊びのねらい・育つ力

- 握っているものを手から離し、持ち替えることができる時期です。
- 片手がふさがっている状態でものを差し出すと、空いた手で受け取ります。

### ポイント

ラップが破れて、中に入れた鈴が飛び出さないようしっかり固定。もし飛び出してしまったら、赤ちゃんが鈴を口に入れないようにしましょう。鈴でなくビーズや小さなボールでも代用できます。

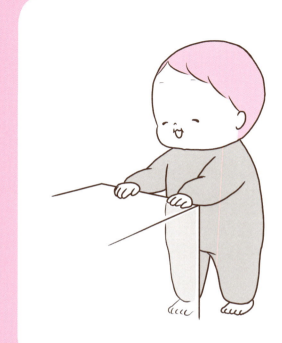

# つかまり立ち
## のころ

**DATA** 赤ちゃんデータ（9〜11カ月）

身長
- 男の子 67.4〜77.4cm
- 女の子 65.5〜75.6cm

体重
- 男の子 7.16〜10.59kg
- 女の子 6.71〜10.06kg

（個人差があります）

ハイハイするスピードが速くなり、つかまり立ちもするころ。早い子は、つたい歩きがでるなど成長めざましいころ。手指も器用になり何でも触るので目が離せなくなります。

# 心

▶▶▶
自我が芽生え、ママへの愛着も強くなるので後追いがより激しくなる場合もあります。トイレに行くときなどは「そばにいるよ」と声をかけてあげましょう。

▶▶▶
赤ちゃんは大人のまねが大好き。なんでもまねをしようとします。「マンマ」など短い単語も言うようになるので、大人は積極的に話しかけコミュニケーションをとりましょう。

### お世話の仕方

- 母乳は1日5〜7回、ミルクは220〜300㎖を5回くらい。そろそろ卒乳の準備をはじめます。
- 離乳食は1日3回。手づかみ食べが盛んになりますが、とめずに経験させて。
- ファーストシューズの準備を。

# 体

▶▶▶
手指が器用になり、親指と人さし指で上手にものをつかむことができます。つまめる食べ物をお皿に入れると、つまんで口に運び自分で食べます。

▶▶▶
ハイハイが完成すると次は、家具などに手をつきつかまりながら立ち上がります。そこから足を交互に出して、つたい歩きが始まるころです。

### 遊びの目安

- 移動する範囲が広がります。
- 遊びに夢中になり、ひとりで集中することも。
- 名前を呼ぶと素早く振り返ります。

0歳 つかまり立ちのころ

# 箱をよいしょ

>>> 【体を育てる】【道具】

**遊び方** 大きめの箱や段ボールを用意し、中に少しおもちゃなどを入れて重量をつけます。赤ちゃんが段ボールのはじに手をかけ立っちをしたり、手で押して前へ進むことができます。

### 遊びのねらい・育つ力

- 重心をかけて箱ごと移動することを覚えます。
- 空間を認識し方向転換ができるようになり、歩行の練習にもなります。

### ポイント

段ボールのフチはけがをしないように、テープを貼ります。箱を押したり引いたりできる、ちょうどよい重さにしてあげましょう。部屋の周辺はものを片づけ移動しやすいようにします。

# おもちゃはどっち?

>>> 【心を育てる】【道具】

**遊び方** おもちゃを隠し、どちらのコップにおもちゃが入っているかを聞くクイズです。それまでは「隠すとなくなった」ものが、成長とともに「隠してもある」ことがわかります。

0歳 つかまり立ちのころ

**1**

コップふたつを用意し、目の前でひとつにおもちゃを隠す。

**2**

さらにその上から布をかける。

*発達のしるし*
**短期的な記憶力がつく**

**3**

布をとり、どっちにおもちゃが入っているかを聞く。

### 遊びのねらい・育つ力

- 6カ月くらいから短期的な記憶ができるようになります。
- 月齢が上がると正解のほうに手をのばします。

### ポイント

「あれ? おもちゃがなくなっちゃったよ?」「どっちに入っているかな〜?」と問いかけながら、赤ちゃんの興味を引きましょう。布をかけてから少しじらしても。

# おひざを上り下り

>>> 【体を育てる】

**遊び方** 大人のひざの上に赤ちゃんを後ろ向きにのせ、両脇の下に手を入れてしっかり支えます。ひざの上からすべり台のようにすべらせ、次は下から上へと引き上げます。

**遊びのねらい・育つ力**
- 不安定なひざの上でバランスをとる遊びです。
- 赤ちゃんは床よりも高い位置を体感します。

**ポイント**
「すべり台だよ〜」「またのぼるよ〜」など声かけを。少しだけスピードを上げても盛り上がります。

# ウォーターボトル

>>> 【体を育てる】【道具】

**遊び方** 下記の方法でつくったウォーターボトルで、コップに水をつぐふりをしたり、転がしたり、振って中のビーズなどが動く様子を観察したりといろいろな遊び方が楽しめます。

0歳 つかまり立ちのころ

### 作り方

**1**
小さなペットボトルの空き容器にビーズやおはじき、スパンコールを入れる。

**2**
水を入れフタをする。接着剤でとめたあと、ビニールテープを巻く。

### 遊びのねらい・育つ力

- 目で見た瞬間に判断し手を動かす、協応のトレーニングになります。
- 水に浮かぶもの、キラキラするものに興味をしめします。

### ポイント

ペットボトルごとに水を増減させ、重さを変えても。また、水に洗濯のりを混ぜ粘度のあるものにすると、中身がゆっくりと落ちて赤ちゃんの目にとまりやすくなります。小さなペットボトルがおすすめです。

# 足トンネルからおーい

>>> 【体を育てる】【心を育てる】

**遊び方** 赤ちゃんが後追いしてきたとき、少し先に進んで両足を開き、足の間から顔を出して赤ちゃんを呼びます。足のところまで来たら下をくぐり抜けるように促します。

**遊びのねらい・育つ力**
- 後追いが激しくなる時期。成長段階のひとつと考え、遊びに変えていきましょう。

**ポイント**
いつもそばにいる大人の顔が見えなくなると、赤ちゃんは不安になります。足の間から、しっかりと顔を見せてあげましょう。

# まねっこあいさつ

>>> 【心を育てる】

**遊び方** 向かい合ってすわり「こんにちは」「ハーイ！」「バイバイ」など、簡単な言葉とジェスチャーをつけて赤ちゃんに見せます。すると赤ちゃんは、自然と同じようにまねをします。

0歳 つかまり立ちのころ

発達のしるし
大人のまね をする

**遊びのねらい・育つ力**

- 大人が動作などをくり返すうちに、まねができるようになる時期です。
- 大人の様子をよく観察できるようになります。

**ポイント**

赤ちゃんがまねをしなくても、無理強いはしないでください。個人差がありますので、まねし出したら遊んでみましょう。

# ひっぱってビヨーン

>>> 【体を育てる】【道具】

**遊び方**　つるすおもちゃは、赤ちゃんが手をのばせば届く高さに設定します。壁やベッドの柵など遊びやすい場所にしましょう。ゴムをひっぱると、動物の顔があらわれて赤ちゃんは大喜び！

**作り方**

**1**
紙や布で動物の顔と持ち手をつくる。ゴムにつけたら、ハンガーに結ぶ。

**2**
動物の顔が隠れるようにカバー（ハンカチやタオル）をかける。ハンガーを赤ちゃんの手が届くくらいの高さにつるす。

**遊びのねらい・育つ力**
- 立てるようになると視野が広がり、興味の対象も広がります。
- 触りたい気持ちを促すことで、つたい歩きの意欲を高めます。

**ポイント**
赤ちゃんは力の加減がまだわからないので、思い切りひっぱることも。つるしたハンガーが落下しないようにしっかりと固定し、目を離さないようにしましょう。

# ボール転がし

>>> 【体を育てる】

**遊び方** 立った状態の赤ちゃんの足の間をめがけて、大人がボールをコロコロと転がします。ゆっくりとキャッチできるスピードで、赤ちゃんが腰をかがめてとろうとします。

つかまり立ちをしているところにもボールを転がして、しゃがんで立つ動きを誘う。

### 遊びのねらい・育つ力

- ボール遊びがスタートします。まずは転がす、とる動作を教えましょう。
- つかまり立ちから「しゃがんで立つ」動きを促します。

### ポイント

ボールをやりとりするのはまだ難しいですが、赤ちゃんがボールを上手につかめたら「上手！こっちにちょうだい」と転がす動作を促しましょう。

# 穴の中にポトン！

>>> 【体を育てる】【道具】

**遊び方** プラスチック容器のフタを、入れるものの大きさに合わせてカッターで切り穴をあけます。穴の大きさに合わせて、上手にポトンと落とせるかな？

発達のしるし
ものを握って落とす

**遊びのねらい・育つ力**
- 握ったものを穴に入れ、手を離して落とす遊びです。
- 目と手の協応をさらに促します。

**ポイント**
穴はやすりをかけてなめらかに。最初は穴も落とすものも大きめにし、慣れてきたら、少し小さく薄いものにします。その次は立体型はめパズルなどにチャレンジ！ 段ボールでつくってもよいでしょう。

# ちょうだい、どうぞ

>>> 【心を育てる】

**遊び方** 子どもと向き合い、おもちゃなどを「どうぞ」と手渡し、「ちょうだい」と手を出してまたもらう。「ありがとう」と言って頭を下げるなど、やりとりする遊びです。

0歳 つかまり立ちのころ

### 遊びのねらい・育つ力

- 「ちょうだい」「どうぞ」の「やりもらい遊び」ができるころ。
- 言葉と動作が連動し、記憶力が育ちます。

### ポイント

最初は受けとることができても、渡せなかったり「どうぞ」が出てこないことも。くり返すことで、子どもは自然と覚えます。

# かくれんぼでバァー

>>> 【体を育てる】【心を育てる】

**遊び方** 室内でプチかくれんぼ。赤ちゃんがパパ、ママを探していたらさっとドアの陰などに隠れます。赤ちゃんが不安げに追ってきたら「バァーッ」と顔を出します。

### 遊びのねらい・育つ力

- 「後追い」をする時期をいかしてコミュニケーションを図ります。
- 姿が見えなくなると、泣いてしまう子も。その場合はすぐに抱っこを。

### ポイント

赤ちゃんが見つけられないようなら、不安な時間を長くしないよう早めに「ここだよ」と声をかけてあげます。顔を出すときには、驚かせ過ぎないように気をつけて。

# この指、とーまれ

>>> 【心を育てる】

**遊び方** 子どもの目線の少し先に、人差し指を立て「この指、とーまれ」と言って、指をつかませます。「〇〇する子は〜」と、言ってもよいでしょう。

0歳 つかまり立ちのころ

### 遊びのねらい・育つ力

- このころは、遠くのものは指を差して教えてもよくわからず、指もとを見てしまいます。
- 大人の合図で指にとまる、というルールを楽しみます。

### ポイント

何かを始めるときや、好きなものをたずねるときなど、楽しいことが起こる合図にすると、子どものワクワク感が高まります。

# まだまだある！
# 0歳の遊び

## 舌をぺろん
>>> 【ねんねしているころ】

**遊び方**　舌が動くお面をつくり、赤ちゃんの顔の前で舌を出したり引っ込めたりすると、赤ちゃんはそれをまねして舌を出すことがあります。

**ポイント**

お面だけではなく、人が実際に舌をペロッと出したり引っ込めたりしても、赤ちゃんは同じように舌を出すことがあります。まねができたら「上手ね」とほめてあげましょう。

## タオルでゆらゆら
>>> 【首がすわったころ】

【遊び方】バスタオルに赤ちゃんを仰向けに寝かせ、大人はバスタオルの両端をしっかりとつかんでゆっくりと揺らします。
【ポイント】赤ちゃんの首がしっかりとすわってから行います。ゆらゆらする感覚が気持ちいいと同時に、バランス感覚を養います。「ゆらゆらするよ」と声をかけつつ、揺らしてあげましょう。

## 同じものを見よう！
>>> 【ねんねしているころ】

【遊び方】仰向けに寝ている赤ちゃんと並んで大人も仰向けになり、赤ちゃんが見ているものをいっしょに見ます。
【ポイント】赤ちゃんと顔が近づくことで、親密な雰囲気になります。赤ちゃんが見ている景色をいっしょに見ることで、大人も意外な発見があるかもしれません。赤ちゃんの気持ちになって楽しみましょう。

## おむつ替えブリッジ

>>> 【つかまり立ちのころ】

【遊び方】足腰がしっかりしてくると、おむつ替えのときに体を反らせたり、身をよじったりします。そんなときは、大人が腰に手を添えてブリッジ遊び！
【ポイント】大きくなると、赤ちゃんも自分からお尻を持ち上げるなど協力してくれるようになります。動き回って大変なときでも、「ブリッジしてみよう」と誘うと、遊び感覚でじっとしてくれるかもしれません。

## ガシャガシャ、ベコベコ

>>> 【首がすわったころ】

【遊び方】レジ袋を丸めてガシャガシャと音をさせたり、ペットボトルを握ってベコベコと鳴らしたりして、赤ちゃんに音を聞かせます。
【ポイント】赤ちゃんは、なぜかレジ袋やペットボトルを使った音が大好きです。ぐずったときやご機嫌斜めなときも、この音を聞かせると泣き止むこともあります。紙をクシャクシャと丸める音も好みます。

## お家探検隊！

>>> 【ねんねしているころ】

### 遊び方

赤ちゃんの首をしっかり支えて横抱きにし、家の中をぐるぐる探検。「くまさんのぬいぐるみだね」など語りかけながら歩きまわります。

### ポイント

ゆらゆら動くものや、自分を映した鏡など、赤ちゃんがじっと見るものにはたくさん声かけをして教えてあげましょう。話しかけながら動くことで、好奇心を刺激します。

# パパ・ママのリサイタル

>>> 【おすわりするころ】

**遊び方**

赤ちゃんの正面で、顔を合わせながら歌を歌います。歌はなんでもOKです。赤ちゃんが喜ぶリズムや言葉があれば、繰り返し歌ってあげましょう。

**ポイント**

6カ月を過ぎるころからさらに音に敏感になり、音楽を好む子も増えてきます。大好きなパパ・ママの歌声なら、なおさらです。大きくなるにつれ、リズムに合わせて体を揺らす赤ちゃんも出てきます。

## 絵本で音を楽しもう

>>> 【おすわりするころ】

【遊び方】0歳代は、話の筋を楽しむというよりも、「ぷよぷよ」「ドッカーン！」など、擬音語や擬態語が楽しめる絵本を読み聞かせます。
【ポイント】まだストーリーを理解するのは難しい時期。大人が「おいしそう！」「きれいだね」などと話しかけたり、オーバーリアクションで読んであげたりして、音のリズムや響きを楽しみましょう。

## おなかをぶぶぶ～

>>> 【首がすわったころ】

【遊び方】赤ちゃんのおなかに口をつけて、「ぶぶぶ～」と息を吹きかけます。おむつ替えやお着替えのときなどにやってもいいですし、服の上からでもOK。
【ポイント】首がすわったぐらいから、あやすと声をあげて笑うようになります。2、3歳の大きくなったころまで楽しめる遊びです。お世話の合間などのコミュニケーションとしておすすめです。

# 1歳
## のころ

**DATA 子どもデータ**（1歳代）

身長
- 男の子 **70.3〜90.7**cm
- 女の子 **68.3〜89.4**cm

（個人差があります）

体重
- 男の子 **7.68〜13.69**kg
- 女の子 **7.16〜12.90**kg

1歳6カ月までに、ほとんどの子が歩けるようになり、卒乳も進みます。意思や感情を短い単語で言う、積み木を積む、コップの水をうつすなど成長がめざましい時期です。

## 心

▶▶▶
自己主張・自立心が強くなり、なんでも自分でやりたい気持ちが育ちます。自分の思い通りにいかないと「かんしゃく」を起こしてジタバタすることもあります。

▶▶▶
大人の言葉をよく聞き、内容は理解できるようになります。まだはっきりとは言えませんが、一生懸命音まねをして伝えようとするので大人は応えてあげましょう。

### お世話の仕方

- 離乳食が1日3回で定着してきます。1歳を過ぎたら牛乳を飲んでもOK。
- 1歳を過ぎ、おしっこの間隔が2時間以上あくようになったら、トイレトレーニングを始める目安。

## 体

▶▶▶
つたい歩きから、ひとりでしっかりと歩くのが上手になります。しかし、まだ土踏まずがないので、足の裏全体でペタペタと歩き、転ぶこともあるので注意しましょう。

▶▶▶
丸々とした赤ちゃん体型が、活動量が増えるにつれてスマート体型に。皮下脂肪が落ちて、筋肉が増えてきます。足腰が丈夫になり、立ったりしゃがんだりができます。

### 遊びの目安

- 歩けるようになり運動量が増えるので、積極的に外遊びをさせましょう。
- 見立て遊び（ごっこ遊び）が増えます。
- 活発な動きに合わせ動きやすい服装に。

1歳

# おくつで外へゴー

>>> 【体を育てる】【外遊び】

**遊び方** 立っちができるようになったら、靴をはいて外遊びへ。外遊びデビューの前に、まず靴をはかせてベランダや芝生などに出て、慣れさせておきましょう。

### 遊びのねらい・育つ力
- つたい歩きから、ひとりで立っちができるようになります。
- 靴をはく感覚や、外へ行くときには靴をはく生活の手順を覚えます。

### ポイント
立っちのころに初めてはくファーストシューズは、足の指が動くように、少しだけ余裕のあるサイズで。あまり早く用意すると、サイズが合わなくなるので注意しましょう。

# はい、タッチ！

>>> 【心を育てる】

**遊び方** 大人が「はい、タッチ！」と言って手のひらを子どもに向け、子どもの手のひらにパチンと合わせます。

1歳 立っちができるころ

### 遊びのねらい・育つ力

- 言葉と動作を結びつけます。
- 親子のスキンシップになり、信頼関係を築きます。

### ポイント

くり返すうちに「はい、タッチ！」と言うと、子どものほうから手のひらを合わせてくれるようになります。

# ぎっこんばったん

>>> 【体を育てる】

**遊び方** 床に仰向けに寝かせた子どもの両手を持って向き合い、「ぎっこん」で手をそっと引き、「ばったん」でゆっくり戻します。大人の両足の上にのせて遊んでもOK。

### 遊びのねらい・育つ力

- 体の筋肉がしっかりしてくるので、シーソー遊びがスムーズにできるようになります。
- 腹筋や背筋をきたえます。

### ポイント

引いたり戻したりするリズムはゆっくりと。急に強く引っ張ると、子どもの肩やひじの関節が外れたり、首にダメージを与えることがあるので気をつけましょう。

# ここまでおいで

>>> 【体を育てる】

**遊び方**　大人が子どもの正面にかがみ、少し離れた場所から「〇〇ちゃん、ここまでおいで」と呼び、歩行を促します。歩かせるときは裸足がよいでしょう。

1歳 立っちができるころ

しりもちをついてもすぐに手を貸さず、「歩きたい！」という気持ちを見守りましょう。

**遊びのねらい・育つ力**
- 言葉で励まされると、歩く意欲が高まります。
- 「ここまでおいで」という指示を理解します。

**ポイント**

まだ歩行が不安定なので、前に転んでも大人が手を差し伸べられる距離で呼びます。カーペットなどの少しの段差でもつまづくので、フラットな床で安全に注意して行いましょう。

# 落ち葉遊び

>>> 【心を育てる】【外遊び】

**遊び方** 秋の落ち葉があるころ、公園などへ出かけて落ち葉をビニール袋に入れます。振ってカサカサとした音を聞き、光にかざしていろいろな色を楽しむなど、自然とふれ合いましょう。

**遊びのねらい・育つ力**
- 落ち葉の音や色、手触りなどを体験し五感を刺激します。
- 秋の季節特有の空気感やにおいを、感じさせてあげましょう。

**ポイント**
大人が落ち葉を両手に持ち、パーッと空に向けて放り投げたら落ち葉のシャワーに。カサカサの落ち葉を踏んで、音を楽しむ方法もあります。

# つまんでひも通し

>>> 【体を育てる】【道具】

> **1歳　立っちができるころ**

**遊び方**　トイレットペーパーやラップの芯など筒状のものを短く切り、太めのひもを通していく遊びです。ひもの両端はテープなどで固めておくと穴に通しやすくなります。

…発達のしるく…
ひもをつまんで穴に入れる

### 遊びのねらい・育つ力
- 手先の器用さや、集中力が身につきます。
- ものをよく見て、指の力を調節できます。

### ポイント
慣れてきたら、筒もひもも、少し細くすると難しくなります。ゴムホースなど筒が細いものの場合、通したひもが抜けてしまわないように、片側は玉結びにしてとまるようにします。

# 高く積めるかな?

>>> 【体を育てる】【道具】

**遊び方** 床に積み木をいくつか置き、大人が上へ積み上げ見本を見せます。それをばらすと、今度は子どもがまねをして積み木を積み上げます。

発達のしるし
ものをつかんでそっと置ける

### 遊びのねらい・育つ力

- 目で見ながらつまむ感覚を調節し、作業を行うことができます。
- それまでは倒すだけだった積み木を(→P.75)、いくつか積むことができます。

### ポイント

最初は大人のまねをしても、力を入れて積み木の上に積み木を押しつけ倒してしまうことも。「そっと置く」見本を見せてあげましょう。

# パッチンボード

**>>>【体を育てる】【道具】**

**遊び方** マグネットボードを、子どもが立ってちょうど手が届くくらいの高さの壁面などに、設置します。動物などのマグネットをいくつか貼ると、はがしてまた貼って遊びます。

1歳 立っちができるころ

**遊びのねらい・育つ力**
- つまむ、ひっぱる、貼って離すという指先の細かな動きを行います。
- 肩から腕全体の筋肉を使います。

**ポイント**
貼るマグネットは口に入れ飲み込まないよう、サイズに注意を。遊んだあとは、マグネットを片づけるようにしましょう。

# フタをクルクル

>>> 【体を育てる】【道具】

**遊び方** ジャムやハンドクリームなどの空き容器を、フタつきでいくつか用意します。大人が開けてみせるとまねをして、上手にあけることができます。

発達のしるし
手首のひねりが上手になる

### 遊びのねらい・育つ力
- 遊びの中で「自分でできる」楽しさを味わいます。
- 手をひねる動作で、新たな発見が生まれます。

### ポイント
空き容器の中におもちゃを入れると、開ける楽しみが増えます。ペットボトルなどキャップが、小さくて口の中に入るサイズのものは避けましょう。

# 新聞ビリビリ

>>> 【体を育てる】【道具】

**遊び方**　新聞紙を用意して「それー、好きなようにイタズラしちゃえ！」と、大人が見本を見せると、子どもはすぐにちぎったり、丸めたりします。

1歳　立っちができるころ

発達のしるし
手指の細かい作業ができる

### 遊びのねらい・育つ力
- 目と手の協応が高まり、さまざまなバリエーションの作業ができます。
- ちぎる、丸める、散らかすなど動作の幅が広がり意欲や自主性を育みます。

### ポイント
最初は新聞紙を横に引っ張ることしかできず、うまくやぶれないことも。切れ目を入れてあげたり、やってみせることで動作を覚えていきます。

# クレヨンぐるぐる

>>> 【心を育てる】【道具】

**遊び方** 大きめの紙と、クレヨンなど先のとがっていないものを用意し、机の上で初めてのお絵かき。最初はクレヨンなど、描くものの上下を教えてあげましょう。

…発達のしるく…
腕の力をコントロールする

大きい紙を敷いても！

### 遊びのねらい・育つ力
- クレヨンを握って、紙に点々などなぐり描きができるようになります。
- 絵になっていなくてOK。子どもが自由に手を動かすことが大切。

### ポイント
色の使い分けはもう少し成長してから。1色でも子どもが満足していれば大丈夫です。汚れてもいいように、服装や環境を整えてから遊びましょう。

# お顔がいっぱい

>>> 【心を育てる】【道具】

1歳 立っちができるころ

**遊び方** いろいろな表情の顔が楽しめる、手づくり布絵本。大人がページをめくりながら「にこにこしてるよ」と語りかけ、同時に大人もにこにこ同じ顔を子どもに見せてあげましょう。

### 作り方

**1**
四角形と円形（顔用）のフェルトを用意する。丸型にいろいろな顔を描く（※ペンで描いても、フェルトで切って貼ってもOK）。

**2**
1の顔を四角形のフェルトにボンドで貼りつけ、じゃばらに縫い付けて絵本にする。

### 遊びのねらい・育つ力

- 記憶力が増す時期。体験したこと、見たことをどんどん覚え蓄積していきます。
- 顔の表情を見て、その感情が理解できるようになります。

### ポイント

「このお顔はどんな気持ち？」「えんえんって、泣いているね。よしよししてあげようね」など声かけから発展性を持たせましょう。外出時に持ち歩いても役立ちます。

# 出して、入れて

>>> 【体を育てる】【道具】

**遊び方** 子どもは、箱など入れものが大好き。四角形や円筒形などいろいろな箱ものを用意して並べると、忙しそうにものを出したり入れたりします。

...発達のしるし...
ものの出し入れなど両面性がわかる

**遊びのねらい・育つ力**

- それまではものを出す動作が主流でしたが、ふたたび箱に入れることが、出すことにつながることを理解します。

**ポイント**

「ものを出したら、片づける」ことを教えるチャンス。「お片づけしよう！」と、大人もいっしょに楽しいお片づけを演出してください。

# 電話でもしもし

>>> 【心を育てる】【道具】

**遊び方** なぜか子どもは、大人が使う電話に興味津々。電話のおもちゃはもちろん、長方形の積み木を耳に当てて遊ぶ、電話ごっこは今も昔も定番です。

…発達のしるし…
大人のまねをするようになる

1歳 立っちができるころ

### 遊びのねらい・育つ力

- 道具を使ったまねっこ遊びは、想像力を高めます。
- 大人のふり、見立て遊びでさまざまなことを学びます。

### ポイント

電話遊びは3歳ごろまで続くことも。ひとりの世界に入り込んでいるときには、大人は干渉せず、ひとりで遊ばせてあげましょう。

# 箱の帽子

>>> 【体を育てる】【道具】

**遊び方** 子どもの頭くらいのサイズの空き箱を用意し、帽子のように頭にかぶって遊びます。大人は手伝わず、子ども自身がかぶるように見守りましょう。

**遊びのねらい・育つ力**

- 箱を裏返し、頭に持っていく距離感や方向感覚のつかみ方を覚えます。
- 両腕を肩より後ろ方向へ持っていきます。

**ポイント**

袋状のものや、顔全体を覆ってしまうようなものは危険。かぶるもののチェックは慎重にしましょう。

# あし、あし、あひる

>>> 【体を育てる】【わらべ歌】

**遊び方** 子どもと向き合って両手を握ります。大人の足の甲に子どもの両足をのせ、歌いながら竹馬のように前や後ろへ歩きます。

♪
あしあし　あひる
かかとを　ねらえ

### 遊びのねらい・育つ力
- 歩く練習をしながら、拍子をとる遊びです。
- 慣れると右足、左足と重心移動をして歩けるようになります。

### ポイント
向かい合うほか、子どもを後ろ向きにしてもOK。足の甲にのせず、手をつないで歌いながら歩くなどバリエーションを楽しみましょう。

1歳 よちよち歩けるころ

# なんでも袋

>>> 【体を育てる】【道具】

**遊び方** 子ども専用の手さげ袋を用意しておもちゃなどを出し入れして遊びます。入れるものの量やサイズに試行錯誤しながら、片手にさげて歩きます。

### 遊びのねらい・育つ力

- 歩行が安定してくると、歩いて移動する遊びが増えます。
- ひじに袋をかけて歩いても、体のバランスをとりながらまっすぐ歩くことができます。

### ポイント

袋はできれば布製の手にさげやすいものを。ビニール製や、頭をすっぽり覆うようなものはかぶると窒息する危険があるので避けましょう。

# 動物まねっこ

>>> 【体を育てる】【心を育てる】

**遊び方** 大人が動物の鳴き声や名前を言いながら、子どもに動物まねっこを誘います。身ぶり手ぶりもつけて、動物になりきってみましょう。

1歳 よちよち歩けるころ

発達のしるし
大人のまねが
いっそう
上手に

### 遊びのねらい・育つ力

- 鳴き声や動きは、子どもが発音しやすい単語を使い言葉を促します。
- 大人の動作をよく観察し、まねをすることに集中します。

### ポイント

「ヘビはにょろにょろ〜って体をひねるんだよ」など、動きを説明しながら遊びます。それにより、子どもの言葉の幅が広がります。

# 木の幹をペッタン

>>> 【体を育てる】【外遊び】

遊び方　公園にお散歩に出かけたとき、木の幹を手で触れてみましょう。なでたり、軽くたたいたり、大人もいっしょに触りながらどのような感触なのか、子どもと体感します。

### 遊びのねらい・育つ力

- 木の幹の太さやぬくもり、木肌の様子を子どもに伝えましょう。
- 種類の違う木をいろいろと見つけてみましょう。

### ポイント

木の皮がむけていることもあるので、手に刺さらないように大人がよく点検してから、子どもに触らせるようにしましょう。

# バケツで水くみ

>>> 【道具】【外遊び】

**遊び方** 牛乳パックでバケツをつくり、水遊びに使います。水を入れたり、流したりをくり返すだけで子どもは大満足です。外遊びやお風呂で遊びましょう。

### 作り方

**1** 牛乳パックの上部を開き、バケツの持ち手になるところを残してカットする。

**2** 持ち手は上で、ホチキスでとめてテープを巻く。

### 遊びのねらい・育つ力

- 多少重いものを持っても、安定して歩けるようになっていきます。
- 子どもが大好きな「入れもの」を通して、さまざまな動きを覚えます。

### ポイント

牛乳パックは軽くて水にも強いので、外遊びにぴったり。持ち手を2重にすると、子どもが持ちやすくなります。

1歳 よちよち歩けるころ

# ○○をください

>>> 【体を育てる】【心を育てる】

**遊び方**　少し離れたところに、子どもが好きなおもちゃなどを置き、大人が「○○をください」と言って、指を差します。

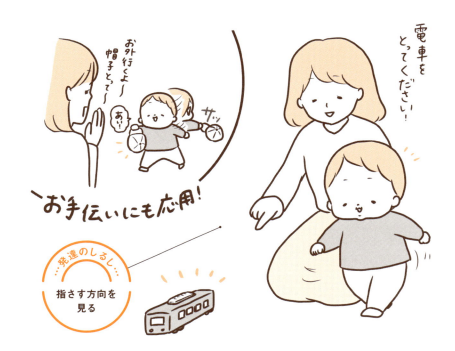

お手伝いにも応用！

**発達のしるく**
指さす方向を見る

### 遊びのねらい・育つ力
- 1歳前後のときは、大人が指を差すと指もとにしか目がいきませんでしたが、だんだんと遠く指を差したところにも目がいくようになります。

### ポイント
子どもが頼んだものをとってきてくれたら、たくさんほめてあげましょう。今度はとってくる「お手伝い」をお願いしてみても。

# どんぐりマラカス

▶▶▶【外遊び】【道具】

**遊び方** 秋の林や公園などで、どんぐり拾いをしましょう。どんぐりを空のペットボトルに入れ、キャップはボンドとビニールテープでしっかりとめ、マラカスをつくります。

1歳 よちよち歩けるころ

### 遊びのねらい・育つ力

- 外気のにおいやどんぐり、枯れ葉の感触に触れ五感を刺激します。
- 親子でいっしょに拾ったものを持ち帰り、おもちゃをつくることで思い出を共有します。

### ポイント

どんぐりの中に虫がいることがあるので、拾ってきたらビニール袋に入れて、2晩冷凍庫に入れてからおもちゃにすると安心です。

# 転がし投げ

>>> 【体を育てる】【道具】

**遊び方** 子どもと向かい合って、ボールを転がしたり投げたりして遊びます。「ここまで投げて」と、目標に向かってチャレンジしても楽しいです。

**遊びのねらい・育つ力**
- つかまり立ちのころは、ボールをうまくつかめませんでしたが、このころは立ったままボールをつかみ、両手で投げることができます。

**ポイント**
ボールの表面がすべりやすいもの、跳ね方が強いものだとまだ扱いにくいので、乳児用の遊びやすいものを選びましょう。目標に向けてまっすぐ転がすのは難しいので、曲がっても気にしないで。

# 洗濯ばさみつまみ

>>> 【体を育てる】【道具】

遊び方　子どもの服の前側に洗濯ばさみをいくつかとめ、子ども自身にそれをとらせる遊びです。丸く切った布や紙にはさんでおき、とらせてもOK。

発達のしるし
つまんで
ひっぱる

### 遊びのねらい・育つ力

- 「つまむ」「ひっぱる」というふたつの動作が同時にできるようになります。
- 指に力を入れたまま、動かせるようになります。

### ポイント

洗濯ばさみは子どもがとりやすいように、服につけるときは浅くします。子どもが指をはさまないように注意しましょう。

# 並べて並べて

>>> 【心を育てる】【道具】

**遊び方**　「積み木は積むもの」と思いがちですが、子どもの成長過程においては、並べるおもちゃでもあります。薄い積み木は大人が並べてあげて、ドミノ倒しのように遊んでも。

発達のしるし
積むだけでなく並べる

大人が並べてドミノ倒しも♪

### 遊びのねらい・育つ力

- 1〜2段積もうとしますが、積むよりは横に並べて集中力や思考力を高めます。
- 想像力を働かせて、積み木並べを楽しみます。

### ポイント

積み木のかわりに、ペットボトルのキャップやブロックを使っても。積み木より小さなものは、口に入れないように注意しましょう。

# 型はめパズル

>>> 【体を育てる】【道具】

**遊び方** 切り抜いたモチーフを型にはめていく、手づくりパズルです。最初は丸や三角、車やハートなど単純なものから始めましょう。

### 作り方

**1**
厚めのフェルトを2枚、色違いで用意する。

**2**
1枚はカッターで絵を切り抜き、もう1枚のフェルトに重ね、接着剤で貼る。

### 遊びのねらい・育つ力

- ものを並べる遊びを楽しめるころになると、パズルもできるようになります。
- 形の違いを認識し、手指を使って上手にはめて達成感を味わうことができます。

### ポイント

2枚のフェルトの色は、対照的な色にすると認識しやすくなります。型はめパズルは、もちろん市販のものを使ってもOKです。

1歳 よちよち歩けるころ

# シールをペッタン

>>> 【体を育てる】【道具】

**遊び方** シールをはがして台紙にペタンと貼る、シール遊びです。最初は大きなシールから始めて、慣れたら小さくしていきます。

**遊びのねらい・育つ力**
- めくる、はがす、貼る作業で、手指の発達を促します。
- シールを思うままに貼っていくことで、想像力や集中力を養います。

**ポイント**
シールの端をあらかじめ折り曲げておくと、子どもがはがしやすくなります。また、何度も貼ってはがせるシールや台紙、シールブックなどを使うと便利です。

# 布団の坂道

>>> 【体を育てる】【道具】

**1歳　ひとりでトコトコ歩けるころ**

**遊び方**　敷き布団の下に、丸めたバスタオルを数ヵ所入れてデコボコ道をつくります。その上を子どもが歩く遊びです。

**発達のしるし**
バランスをとって歩く

### 遊びのねらい・育つ力

- 歩けるようになっても、子どもは頭が大きいのでバランスをとりながら歩行することは難しいもの。この遊びは、上手に歩く訓練になります。

### ポイント

いろいろな高低差をつける、最後のゴールで大きなクッションにジャンプするなど楽しいコースつくりをするとよいでしょう。大人は安全に歩行できるようサポートを忘れずに。

# お手伝い遊び

>>> 【心を育てる】【道具】

**遊び方** 生活の中でいつも大人が行う作業を、子どもといっしょに遊びとしてやってみましょう。お掃除、洗濯ものをたたむ、散らかったものを片づけるなどなんでもOKです。

**遊びのねらい・育つ力**

- とくに、道具を使った作業のまねをしたい時期です。
- お手伝いは、おもちゃ遊びとはまた違った満足感があり、子どものやる気を育てます。

**ポイント**

家事は大人がやったほうが早いですが、生活習慣を学ぶ遊びと割り切って早さは求めないように。子どもがやりたいと言ったら断らずに、できるだけやらせてあげましょう。

# スナップボタンで電車

**>>> 【体を育てる】【道具】**

**遊び方** スナップボタンがついたフェルトの電車を、たくさんつくります。子どもがそれを自由につなげて遊びます。

### 作り方

フェルトで電車の車体、窓をつくりボンドで貼りつける。車両の先にスナップボタンをつける。

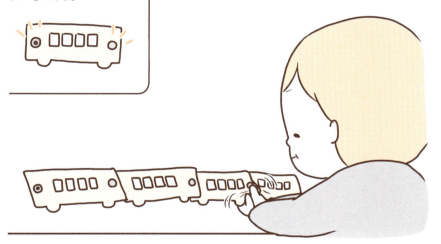

### 遊びのねらい・育つ力
- ものを長くつなぐことができます。
- 両手の指を使ってボタンをつかみ、とめることができます。

### ポイント
男の子は、電車など乗り物が大好き。女の子にはお花やお魚、アヒルやリボンなどのモチーフでつくると喜びます。

**1歳 ひとりでトコトコ歩けるころ**

# あがり目、さがり目

>>> 【心を育てる】【わらべ歌】

**遊び方** 子どもと向かい合って、大人もいっしょに歌いながら楽しみましょう。

**1 あがり目**
両手の人差し指で目尻をつり上げる。

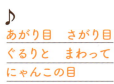

**2 さがり目**
次に、目尻をつり下げる。

♪
あがり目　さがり目
ぐるりと　まわって
にゃんこの目

**4 にゃんこの目**
1回転半させて、また目をつり上げる。

**3 ぐるりと まわって**
2のまま上から下へと回す。

### 遊びのねらい・育つ力
- 簡単な歌を歌ったり手遊びができる時期です。
- ねこ以外のおもしろい顔をつくっても、発想力を育みます。

### ポイント
歌と目尻を動かすテンポを合わせて、リズムにのって。「たぬきの目」「〇〇ちゃんの目」「めがねの目」など最後の歌詞と、顔の表情を変えると盛り上がります。

# これはなーんだ？

>>> 【心を育てる】【道具】

**1歳　ひとりでトコトコ歩けるころ**

**遊び方**　絵本を見ながら「これなーに？」「ねこはどこかな？」など、子どもとやりとりをします。「ねこの鳴き声は？」「どんな風に歩く？」など、いろいろな質問をして楽しんでも。

**遊びのねらい・育つ力**

- 記憶がストックされ、引き出すことができるころ。質問をすることで記憶力を高めます。
- 知っているものを見つけると、指を差したり名前を言って、知っていることをアピールします。

**ポイント**

質問をしてわからないようなら、ヒントを出したり、「これはねこちゃんだね」と教えてあげましょう。絵本だけでなく大人が絵を描いて、質問してもいいでしょう。

# ハンカチでバナナ

>>> 【心を育てる】【道具】

**遊び方** ハンカチを使ってバナナをつくり「もぐもぐ、おいしいね〜」と、食べるまねをして遊びます。

### 作り方

**1** ハンカチの四つ角を真ん中に合わせる。

**2** 合わせた真ん中をつまんで持ち上げ、もう片方の手で下を握る。

**3** 持ち上げた部分が4枚の皮になっているので、それを1枚ずつ外側へむく。

### 遊びのねらい・育つ力

- ものを何かに見立てて遊ぶ「見立て遊び」が増えてきます。
- ハンカチをバナナに見立て、想像力を膨らませます。

### ポイント

ハンカチさえあれば、どこでもできる手軽な遊びです。タオルハンカチのような厚手のものは形をつくりづらいので、薄手のものを。バナナの皮は、大人がむいても子どもがむいてもOKです。

# すくえるかな？

>>> 【体を育てる】【道具】

 遊び方　おもちゃの皿に、お手玉や小さなボールなどを入れて、スプーンやレンゲ、お玉などですくい、別の皿に移すなどして遊びます。

1歳　ひとりでトコトコ歩けるころ

### 遊びのねらい・育つ力

- スプーンを握ってすくう、手首を返して入れる動作ができるようになるころです。
- おままごとが始まり、それが食事の食べ方への関心にもつながります。

### ポイント

おままごとは「見立て遊び」の中でも男女ともに人気の遊び。すくったものを「もぐもぐ」と食べるふりをするなど、大人は子どもの相手をしてあげましょう。

# 足や腕を通そう！

>>> 【体を育てる】【心を育てる】【道具】

**遊び方** ヘアバンドやシュシュ、腹巻やサポーターなど、ゴム製で輪になったものを用意します。子どもが足や腕に通して遊びます。

**遊びのねらい・育つ力**
- 洋服を着る、靴下をはくなど身支度の練習になります。
- まだ自分で衣服などの着脱はできませんが、遊びながらその感覚をつかみます。

**ポイント**
足を通す動きは靴下、頭からかぶる動きは洋服を着る動作に似ています。体にかけたままにせず、遊び終わったら必ず片付けておきましょう。

# タオル入道

**》》》【心を育てる】【道具】**

**遊び方**　お風呂の湯ぶねで、ハンドタオルに空気がふんわり入るように丸く包んで下を持ちます。お湯にしずめると泡がプクプクと上がってきます。

**遊びのねらい・育つ力**
- リラックスできるお風呂の時間に、親子でコミュニケーション。
- 上がってくる泡に、子どもは興味津々になります。

**ポイント**
子どもにやらせてみて、うまくできないようなら、空気が逃げないように大人がタオルの下を持ってあげましょう。薄手のほうが入道をつくりやすいです。

1歳　ひとりでトコトコ歩けるころ

# ジャンプの練習

>>> 【体を育てる】

**遊び方** 音楽に合わせて「ジャンプ！」と、大人が声をかけてジャンプをすると、子どももまねをして跳ぼうとします。まだ床から足が離れませんが「つもり」でOK。

発達のしるし
ひざの屈伸ができるようになる

**遊びのねらい・育つ力**
- 立ったりしゃがんだりしても、体のバランスをとることができます。
- 「ジャンプ！」のかけ声とひざの屈伸を、合わせようとします。

**ポイント**
子どもはまだジャンプの加減がわからないので、盛り上がってくるとバランスを崩すことも。大人はすぐに支えられる位置に立ちましょう。

# きせかえ絵本

>>> 【心を育てる】【道具】

**遊び方** 1枚、2枚とめくると動物の様子が変わる「きせかえ絵本」を手づくり。いろいろな組み合わせを試してみます。

### 作り方

**1** 同じ大きさで違う動物の絵を2枚用意する。1枚は頭、上半身、下半身に切り分ける。

**2** 絵本のように端を貼り合わせて、上のページをめくれるようにする。

親がハマるパターン

### 遊びのねらい・育つ力

- 自分でめくり、組み合わせの違いを観察します。
- 着せ替え遊びの始まりで、想像力を高めます。

### ポイント

男の子・女の子それぞれが興味を持ちそうな絵を工夫してみましょう。いろいろなバージョンを何冊かつくっておくと、外出時にも活躍します。

# 砂場でお山

>>> 【体を育てる】【外遊び】

**遊び方** おすわりのころから砂場遊びはできますが、このころになると道具を使い、自由に体を動かしながら山をつくったり、砂を運ぶなどして遊べます。

プリンの空き容器などに砂を入れて型をとったり、おままごとをしたりもおすすめ。

**遊びのねらい・育つ力**
- バケツやスコップなどの道具を、用途通りに使うことができます。
- 砂を使い、自分のイメージに合わせて表現する力が養われます。

**ポイント**
スコップの使い方に慣れるまで、すくった砂が飛び散り顔にかかることもあります。目や口に入ると、自分の汚れた手でこすろうとするので注意しましょう。

# 坂をよいしょ！

>>> 【体を育てる】【外遊び】

**1歳 ひとりでトコトコ歩けるころ**

**遊び方** 斜面や坂をのぼる遊びです。危なっかしくても、後ろから支えずに子どもの前に立ち、手をとってサポートをしましょう。

発達のしるし
重心を前にして坂道をのぼる

### 遊びのねらい・育つ力

- つま先に力を入れ、重心を前にすると斜面をのぼりやすいことを覚えます。
- 斜面の角度に合わせて、体のバランスをとろうとします。

### ポイント

大人が子どもの手をとるときは、指をそっと握る程度にします。子どもが自然と体の使い方を覚えるまで、ペースを合わせましょう。

# 手押し車

>>> 【体を育てる】

**遊び方** 子どもを四つんばいにさせ、大人が両足のひざ上あたりをつかんで持ち上げます。子どもに両腕を交互に前へ出すように促し、前へ進みます。

### 遊びのねらい・育つ力

- 腕の力や腹筋、体幹をきたえます。
- 下半身を大人にあずけ、上半身だけを動かします。

### ポイント

1歳でも月齢が高い子向き。手の使い方がわからないうちに大人が後ろから押すと、顔を床にぶつけてしまいます。また、足首をつかむのは大きくなってからにしましょう。

# 段差をトン&ジャンプ

>>> 【体を育てる】

**遊び方** 10cm程度の高さのあるところから、下へジャンプ！ 両足で跳ばなくても片足ずつでもOK。子どもの勇気が出ないようなら両手を握ってあげましょう。

1歳 ひとりでトコトコ歩けるころ

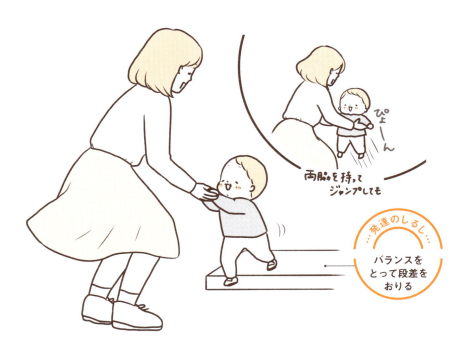

両脇を持ってジャンプしても

ぴょーん

発達のしるし
バランスをとって段差をおりる

### 遊びのねらい・育つ力
- バランス感覚を養います。
- 「跳んだつもり」や「跳ぼう」とする意欲を育くみます。

### ポイント
あまり誘導し過ぎず、子どもの意欲に合わせましょう。積極的な子には、両脇を持って少し高く体を浮かせ、ジャンプを楽しませてあげましょう。

## まだまだある！1歳の遊び

### ひっぱってゴー！
>>> 【ひとりでトコトコ歩けるころ】

 **遊び方**　段ボールにひっぱれるようにひもをつけ、中におもちゃやぬいぐるみを入れます。段ボールをひっぱって、お家の中をお散歩します。

**ポイント**
子ども専用の袋や箱を用意してあげると、おもちゃを入れて遊びます。ひっぱって移動できるのが楽しくて、あちこちいっしょにお出かけするようになるでしょう。

### お出かけごっこ
>>> 【立っちができるころ】

【遊び方】まだ外で使っていない靴や、新聞紙やフェルトで簡単につくった靴をはき、帽子やバッグなども用意してお家の中でお出かけごっこ。
【ポイント】急に靴をはかせるといやがったり、こわがったりする子がいます。本格的な外遊びへの練習として、お家の中で靴のはき心地になじませましょう。

### ひみつ基地
>>> 【立っちができるころ】

【遊び方】段ボールのお家を用意したり、イスの上にバスタオルやシーツをかけたりして、小さなひみつ基地をつくります。
【ポイント】少し大人の目から隠れられる、子どもだけの空間をつくってあげると喜びます。さらに、窓やドアのスペースをつくると、楽しさ倍増。危険なことをしていないか、必ず大人は見ているようにしましょう。

## おむつ替えのお手伝い

▶▶▶【よちよち歩けるころ】

【遊び方】おむつセット（おむつとお尻ふきなど）を持ってきてもらう、替えて丸めたおむつをゴミ箱に捨ててもらうなど、お手伝い遊びです。
【ポイント】お手伝いをお願いするときに、「おむつ替えを終了しました！この宝物を宝箱に入れてきてください」など、イメージをふくらませてやりとりを楽しんでも。

## トントン相撲

▶▶▶【よちよち歩けるころ】

【遊び方】画用紙を半分に折り、横向きのお相撲さんの全身を両面に描き、ハサミで切り抜きます。空き箱を土俵に見立ててお相撲さんを置き、端をトントンたたきます。先にひっくり返ったほうが負け。
【ポイント】お相撲さんの大きさを変えたり、紙のかたさを変えたりしてバリエーションをつけてもおもしろいでしょう。

## シルエット遊び

▶▶▶【よちよち歩けるころ】

**遊び方**

部屋を暗くし、仰向けに横になります。懐中電灯や携帯電話のライトを天井に向け、光の上に手や物を当てて天井に影をつくります。

**ポイント**

ライトに手や物を近づけると大きく映り、離すと小さく映ります。手の形を組み合わせていろいろな動物をつくったり、おもちゃやぬいぐるみの影を見せたりして遊びます。

## いつもの道がジャングル

>>> 【よちよち歩けるころ】

【遊び方】よく通る道を、ジャングルに見立てて歩きます。道路の模様は橋を渡っているつもりで落ちないように気をつけたりしましょう。
【ポイント】「ここをくぐったら、森の中かな?」「ライオンさんに会わないように気をつけて」など、ジャングルを想像して言葉をかけましょう。横断歩道や車が多いところでは遊ばないように注意してください。

## 面ファスナーをビリビリ〜

>>> 【よちよち歩けるころ】

【遊び方】面ファスナーを、子どもが持ちやすいくらいの長さに切ります。最初は大人が端をめくって、はがしやすい状態で子どもに渡しましょう。
【ポイント】はがすときの「ビリビリ〜」「バリバリバリ」という音と感触が楽しくて、何度も繰り返して遊びます。細めのものより、少し太めのものがよいでしょう。カラフルなものがおすすめです。

## パパ・ママコントローラー

>>> 【よちよち歩けるころ】

**遊び方**

パパ・ママの体に、ボタンに見立てた大きめサイズのシールを4〜5枚貼ります。子どもがシールを押したら、大人は「ピー!」「ラララー」などおもしろい声を出します。

**ポイント**

出す声はなんでも構いません。大事なことはボタンを押したら必ず音(声)が出て、押すのをやめたら出ないということ。自分でコントロールする楽しさが味わえます。

# 2歳
# のころ

## DATA 子どもデータ（2歳代）

| 身長 | 体重 |
|---|---|
| ▶男の子 81.1〜97.4cm | ▶男の子 10.06〜16.01kg |
| ▶女の子 79.8〜96.3cm | ▶女の子 9.3〜15.23kg |

（個人差があります）

自立心・好奇心がますます旺盛になります。身長ものび、運動能力もアップ。話も上手になり2語文から、「ワンワン、あっち、いった」と3語文を話すようになります。

# 心

▶▶▶
自己主張がますます強くなり、なんでも「イヤ！」と言うイヤイヤ期が始まるころ。自我の成長によるものなので、何がイヤなのか付き合ってあげましょう。

▶▶▶
知的好奇心が旺盛になり「なに？」「どうして？」を連発。大人は面倒くさがらずに、子どもが何を疑問に思っているのか耳を傾け、会話を楽しみましょう。

### お世話の仕方

- 離乳食から幼児食に。スプーンやフォークを上手に使えるようになったら、箸を使う練習を始めます。
- 大人が手伝いながら、着替えの練習を。「自分でやる」と言ったらやらせてあげましょう。

# 体

▶▶▶
運動能力がますます高まり、早歩き、走る、ジャンプやスキップができます。中腰から立ち上がる、少し高いところからぴょんと飛び降りることもできます。

▶▶▶
平衡感覚が発達し、つま先立ちや片足立ちができるようになります。また、リズムにのって体を動かすなど、体を自由にコントロールすることができます。

### 遊びの目安

- 子どもがひとり遊びに夢中になっているときは、大人はそっと見守りましょう。
- 社会性を身につけるためにも、お友だちとも遊びましょう。
- 想像力を膨らませる見立て遊びが増えます。

# お店屋さんごっこ

>>> 【心を育てる】【道具】

**遊び方**　お店の人とお客さんの役割を決めて、お家の中でお店屋さんごっこ。おもちゃを品物に見立て、紙のお金やチケットをつくって売り買いをリアルに再現してみましょう。

…発達のしるし…
身近な生活を再現する

### 遊びのねらい・育つ力

- 身のまわりにあるものを使い、イメージで見立て遊びができます。
- 「大人と同じことをしてみたい」という欲求を満たします。

### ポイント

お店屋さんごっこやおままごとは、女の子の遊びというイメージがありますが、このころは男女の差はなく、男の子も興味をもってやりたがります。

# ヘビさんにょろにょろ

>>> 【体を育てる】【道具】

**遊び方**　縄跳びや長いひもをヘビに見立て、またいだり飛び越えたりして遊びます。まっすぐ床に置いて「へびさん寝ているよ」と言ったり、横ににょろにょろ動かしたりします。

2歳　自分でできることが増えるころ

発達のしるし
体の使い方をコントロール

### 遊びのねらい・育つ力
- 動くヘビを踏まないように、タイミングを計って飛び越えます。
- 縄やひもをヘビに見立て、その世界観の中で遊びます。

### ポイント
大人がふたりいたら、縄やひもを2本使うと難易度が上がります。子どもが踏んでしまったら「イテテテテッ」とヘビの気持ちになって声かけをします。

# 後ろ向き歩き
>>> 【体を育てる】

**遊び方** 後ろ向きでどれくらい歩けるかチャレンジ。大人は後ろに立って声をかけながら、転ばないようにサポートを。

**遊びのねらい・育つ力**
- 普通に歩くときとは違う意識を働かせて、体を動かします。
- 後ろへまっすぐ進みながらバランスをとり、歩行を安定させます。

**ポイント**
後ろ歩き（あとずさり）ができるようになると、ジャンプも上手にできるようになります。

# 小麦粉ねんど

**》》》【体を育てる】【道具】**

**遊び方** 小麦粉ねんどを手のひらで押す、のばす、指でつまむ、ちぎる、ねじってまたまとめるなど、思い思いの遊び方で楽しみます。

### 作り方

小麦粉3カップ、水1カップ、食塩1/4カップ、サラダ油少量を用意する。

**1**
水と食塩を混ぜる。

**2**
ボウルに入れた小麦粉に**1**を少しずつ加え、こねる。

**3**
耳たぶくらいのやわらかさになったら、手にサラダ油をつけさらにこねる。

### 遊びのねらい・育つ力

- 手指の細かな動きや感覚を養います。ねんどの重さや感触を味わいます。
- 「何かを作ろう」という創造に発展します。

### ポイント

カビや腐敗を防ぐため、保存はラップをして冷蔵庫で1週間程度に。また、子どもに小麦粉アレルギーがある場合は、米粉にするか市販の紙ねんどを使いましょう。

2歳 自分でできることが増えるころ

# しっぽ、とれるかな？

>>> 【体を育てる】【道具】

**遊び方** 大人のズボンやスカートにハンカチやひもなど長いしっぽをつけて、子どもと追いかけっこ。お尻のしっぽを引き抜いたら勝ちです。子どもがしっぽをつけて逃げてもOK。

発達のしるし
動きを調節しながら走る

**遊びのねらい・育つ力**
- 逃げたり追いかけたり、しっぽに手をのばしてと体を自由に使って遊びます。
- 走る楽しさを味わいます。

**ポイント**
しっぽをつけた大人は、強弱のある逃げ方をして、最後にはしっぽをとらせてあげると楽しい遊びとして完結します。走りまわるので転んでも安全な広い場所で遊びましょう。

# 積み木でイメージ

>>> 【心を育てる】【道具】

**遊び方**
積み木を広げたとき、子どもはその形を組み合わせて「何をつくろうかな?」と、子どもなりのイメージをもって遊びます。

発達のしるし
**イメージの世界が広がる**

### 遊びのねらい・育つ力
- 積み木を積み直し、また壊して自分のイメージを実現しようとします。
- 動物のおもちゃなどを少し足すだけで、より想像を膨らませて遊ぶことができます。

### ポイント
子どもが黙々と遊んでいるときは、声をかけずに自分の世界に集中させてあげましょう。

# 低いブロック渡り

>>> 【体を育てる】【外遊び】

遊び方 お散歩中などに低い段を見つけたら、子どもを歩かせてみます。「下は川だよ。落ちたら大変！」などイメージが膨らむような声かけを。

### 遊びのねらい・育つ力

- 平衡感覚を養い、空間認識力を身につけます。
- 体を使った「つもり遊び」で想像力を高めます。

### ポイント

とくに男の子は、高さのある場所を渡るのが大好き。いざというときのため、大人は横に付き添ってください。子どものバランス力を見ながらそっとサポートを。

# だんごむしレース

>>> 【心を育てる】【外遊び】

**遊び方** 公園の湿ったところや植木鉢の下にいる、ダンゴムシ。何匹かをプラスチックケースなどに入れ、ゴールを決めて競争させます。いっしょに遊んだあとは、元の場所に戻してあげて。

2歳 自分でできることが増えるころ

### 遊びのねらい・育つ力
- 触るとくるんと丸まる、ダンゴムシのおもしろさを味わいます。
- 身近な虫に興味を持つことで、自然への興味が広がります。

### ポイント
男の子、女の子ともに人気があるのがダンゴムシ。でも、やはり昆虫好きが多いのは男の子です。ダンゴムシにはじまりクワガタ、カブトムシと興味が広がります。

# はっけよーい、のこった！

>>> 【体を育てる】

**遊び方**　縄跳びや長いひもで土俵をつくり、すもうごっこ。子どもが力いっぱい押してきたら「のこった、のこった」と盛り上げます。土俵をつくらない場合は出たら負けのラインを決めます。

**遊びのねらい・育つ力**
- 下半身をきたえ、バランス感覚を養います。押し合うことで抵抗感覚をつかみます。
- 勝負ごとに興味をもち、勝ち負けを意識します。

**ポイント**
大人は勝ったり負けたりして、子どもと勝負を楽しみます。転んでも危険がないように、広い場所で遊びましょう。

# 今日のおはなし

>>> 【心を育てる】

**遊び方** 寝る前のひととき、子どもにお話を聞かせてあげましょう。ちょっとした創作話や、子どもの1日を振り返って物語風に話してもOK。

2歳 自分でできることが増えるころ

### 遊びのねらい・育つ力
- 聞く力、イメージ力が高まります。
- 語彙が増え、表現力が身につきます。
- 親子の特別な時間を持つことで、精神的に安定します。

### ポイント
お話を聞かせるといっても難しく考えないで。子どもを主人公にしたり、日々のちょっとした出来事などを題材にすると話しやすいでしょう。

# ボウリングごっこ

>>> 【体を育てる】【道具】

**遊び方** 空のペットボトルを何本か立てて、離れたところからボールを転がすボウリングごっこ。ピンを増やしたり、投げる位置を遠くしていってもOK。

発達のしるし
バランス感覚が身につく

**遊びのねらい・育つ力**

- 狙った目標にボールを転がそうとします。
- 倒れた数に応じて、達成感を味わえます。
- 体のバランス感覚を養います。

**ポイント**

ボールは子どもが抱えられるくらい、大きめのサイズでやわらかいものを。ピンはペットボトルの中に色紙を入れてカラフルにしても楽しいでしょう。

# おばけだぞー！

>>> 【心を育てる】【道具】

**遊び方** 布団やシーツをかぶり、こっそり隠れて「おばけだぞー！」と、子どもを驚かせてみましょう。

### 遊びのねらい・育つ力
- 見たことがない「おばけ」のイメージを膨らませます。
- 「びっくり」することがいつもと違う楽しさになります。

### ポイント
怖がらせることが目的ではなく、顔が見えず声だけがするおばけを「どんなおばけかな？」「やさしいのかな？」などと想像して楽しみます。

# なこうか とぼうか

>>> 【体を育てる】【わらべ歌】

**遊び方** 歌いながら楽しくジャンプの練習。最初は低い台からはじめましょう。運動をする前の準備体操にもなります。

**1**
**なこうか**
10cm程度の台にのってひざを曲げ、手を前に振る。

**2**
**とぼうか**
ひざをのばし、手を後ろに振る。**1**〜**2**をもう一度くり返す。

♪
なこうか　とぼうか
なこうか　とぼうか
なこよか　ひっとべー

**3**
**なーこー
よーかー**
ひざの曲げ方、手の振り方を大きくしながら**1**〜**2**を2回くりかえす。

**4**
**ひっとべー！**
台からジャンプ！

**遊びのねらい・育つ力**
- 歌に合わせて体を動かす楽しさを体験します。
- 屈伸、ジャンプ、着地の一連の流れで全身運動を行います。

**ポイント**
大人もいっしょに隣で行い、見本を見せます。大きく手を前後に振り、屈伸の姿勢を低くしたりして、飛ぶ準備を演出しましょう。

# ひっぱりっこ

>>> 【体を育てる】【道具】

**遊び方** 子どもとふたりで長いひもやタオルを持ち、綱引きのようにひっぱりっこします。床に印をつけ、その線から出ないようにルールを決めます。

発達のしるし
腕を曲げてひっぱる

2歳 走ったりジャンプができるころ

**遊びのねらい・育つ力**
- 腕を曲げ、体を後ろへ倒してふんばる動作を覚えます。
- 握力、腹筋、背筋、脚力をきたえます。

**ポイント**
大人は子どもをひっぱりながら、たまにひっぱられたりして強弱をつけましょう。子どもは全力で引いているので、くれぐれも大人はひもを離さないようにしましょう。

# おにぎり にぎにぎ

>>> 【心を育てる】【道具】

はじめての、簡単クッキング体験。自分でミニおにぎりをつくってみましょう。いろいろな具を用意して、にぎって並べておにぎりパーティ！

作り方

**1**
皿やまな板の上などにラップを広げ、真ん中にご飯を盛り、好みの具をのせる。

**2**
ラップの四つ角を真ん中に集め、巾着しぼりのように上でねじり、ご飯を丸める。

### 遊びのねらい・育つ力
- 自分でつくって食べる楽しさを味わいます。
- エプロンや三角巾をつける、手洗いをするなど、調理をするときの準備に触れていきます。

### ポイント
身支度からごちそうさままで、食生活の基本を学び食べることが楽しくなります。炊き立てのご飯で包むととても熱いので、少し冷ましたご飯を用意しましょう。

# プランター野菜

>>> 【心を育てる】【道具】

**遊び方** プランターに土を入れ、野菜の苗を植えます。トマトやゴーヤなどの夏野菜は、お世話の手間が少ないのでおすすめ。植物の成長を見る喜び、収穫の楽しさを味わいましょう。

2歳 走ったりジャンプができるころ

### 遊びのねらい・育つ力

- 野菜がどのように成長するのかを見て、植物の不思議を学ぶことができます。
- 手をかけたものが成長し、食べられるようになる喜びを感じます。

### ポイント

育てやすいもの、たくさん収穫ができるものを選んで。水はやり過ぎると根が腐ることもあるので、子どもがやりたがっても、大人が確認をして管理しましょう。

# 動物ジャンプ

>>> 【体を育てる】

**遊び方** うさぎやカエルなど動物になりきって、前や上にジャンプ！ ネコやカンガルーなど、いろいろな動物ジャンプに挑戦してみましょう。

**発達のしるし**
イメージ通りに体を動かす

### 遊びのねらい・育つ力
- 手を上げたまま足をそろえて上に飛ぶ、しゃがんで手をつきながら横に飛ぶなど、体をコントロールしながらいろいろな飛び方を工夫します。

### ポイント
夢中になって飛んでいるうちに、勢い余って転ぶことがあります。広くて安全な場所で遊びましょう。

# 段ボール電車

>>> 【心を育てる】【道具】

**遊び方** 段ボール箱の上下を切り落とし、四角い筒状にします。側面に窓などを描き、段ボールがつかみやすいように、手を入れられる穴をつくればできあがり。

2歳 走ったりジャンプができるころ

### 遊びのねらい・育つ力
- 乗り物を使った見立て遊びを楽しみます。
- 役を変えることで、シチュエーションを想像する力を育みます。

### ポイント
男の子が大好きな乗り物遊び。「スピードは何キロ出ていますか?」「今、どの駅ですか?」などやりとりも忘れずに。乗用車や働く車にしても楽しめます。

# ケン、ケン、ピョーン

>>> 【体を育てる】【道具】

**遊び方**: フラフープやひもを使って直径30〜40cmくらいの輪を用意。ケンケンパができるように床に置き、輪から輪へと飛んでいきます。

発達のしるし
片足でジャンプする

### 遊びのねらい・育つ力
- 片足だけでジャンプを数回飛ぶことができます。
- リズミカルに体を動かすことができます。

### ポイント
最初は大人が見本を見せてあげましょう。輪はリボンやテープなどなんでもOK。ただし、子どもの足にひっかかりにくいようにしてください。

# 色水でジュース屋さん

>>> 【心を育てる】【道具】

**遊び方** 色水ジュースでお店を開店。ペットボトルからコップに入れたり、器に入れ替えたりして遊びます。

2歳 走ったりジャンプができるころ

### 作り方

**1** ペットボトルに水を入れ、食品用着色料を小さじ1（付属のさじで）入れる。

**2** 色の違う食品用着色料を使い、いろいろな色水を用意する。

### 遊びのねらい・育つ力

- 色水をジュースに見立てた、ごっこ遊びです。
- 水に色がつく不思議を発見します。
- ジュースを上手にコップに入れます。

### ポイント

食品用着色料は口に入れても安心ですが、なければ絵の具などでもOK。その場合は扱いに気をつけましょう。こぼしてしまうこともあるので、汚れてもいい場所をつくります。

# 鉄棒ブラーン

>>> 【体を育てる】【外遊び】【道具】

　子ども用の低い鉄棒がある公園で、鉄棒遊び。両手でぶら下がり体を反らせる、両腕と両足を鉄棒に絡ませるなど。鉄棒代わりに大人の腕にぶら下がってもOK。

### 遊びのねらい・育つ力

- 腕力のほか、腹筋や脚力など全身の運動になります。
- 自分の体を支えながらバランスをとる力を養います。

### ポイント

子どもがぶら下がったら、頭の後ろから声をかけると背中を反らせて後ろを見ようとします。景色が逆に見えて発見があるかも。

# ふりかぶってポーン

>>> 【体を育てる】【道具】

**遊び方** 少し離れた場所に、大きめの箱やビニールプールなどを用意します。子どもにボールを持たせ、頭の上からふりかぶって投げ入れさせます。

2歳 走ったりジャンプができるころ

発達のしるく
頭上からボールを投げる

### 遊びのねらい・育つ力
- これまではボールを転がす遊びでしたが、このころになると肩甲骨の可動域が広がり、腕を上げ頭の上からボールを投げることができます。

### ポイント
ボールの代わりに丸めた新聞紙でもOK。新聞紙の場合は軽いので、入れものに近づいて投げると入りやすいです。

# アリさん、こんにちは

>>> 【心を育てる】【外遊び】

**遊び方** 外で身近にふれ合える昆虫といえば、アリ。忙しく働くアリに子どもが注目をしたら、食べ物を少しまき、運ぶ様子を観察。アリの巣観察キットを使えば、自宅で巣をつくる様子を観察できます。

**遊びのねらい・育つ力**
- 自然とふれ合い、生き物の動きや性質を観察する力がつきます。
- アリを観察することで、好奇心が育ちます。

**ポイント**
虫好きはやはり、女の子よりも男の子が多いようです。子どもが興味を持ったら、大人はできるだけ好奇心を満たしてあげるようにしましょう。

# 小さなママ

>>> 【心を育てる】【道具】

**2歳 走ったりジャンプができるころ**

**遊び方** 見立て遊びの中でも、子どもはママのまねが大好き。人形やおもちゃの食器があると、せっせとお世話ごっこが始まります。

### 遊びのねらい・育つ力

- 生活を再現する遊びをして、その世界に入り込みます。
- 「ねんねだよ」「はい、あーんして」などママのような言葉をかけながら遊びます。

### ポイント

人形を使ったお世話ごっこは、女の子の定番。男の子はヒーローの人形などで、闘いごっこに熱中することも。

# まだまだある！2歳の遊び

## 石にお絵描き
>>> 【自分でできることが増えるころ】

遊び方　道や川で拾った手ごろな石に、クレヨンやマジック、絵の具でお絵描きをします。顔、模様、石の形を見立てた動物など、なんでもOK。

**ポイント**

できあがった石は、玄関に飾ったりペーパーウエイトとして使ったりしても楽しいものです。近所の公園や道はもちろん、旅行先で拾った石にお絵描きをすると、よい思い出にもなるでしょう。

## 影をふめるかな？
>>> 【走ったりジャンプができるころ】

【遊び方】地面にできた自分の影を、相手（鬼役）にふまれないようにします。走って逃げる、物影に入って自分の影を隠すなどしましょう。
【ポイント】子どもが歩きたがらないときなど、「ママの影をふんでついてきてね」「〇〇ちゃんの影をふんじゃうよ」など、遊びに誘ってみるのもひとつの手。つられて歩いてくれるかも!?

## じゃんけんこちょこちょ
>>> 【走ったりジャンプができるころ】

【遊び方】子どもとじゃんけんをして、勝ったほうが負けたほうをこちょこちょします。子どもがいやがったら、すぐにやめてあげましょう。
【ポイント】子どもにとってチョキをするのが難しく、なかなかできない子もいます。「こことここの指を曲げるんだよ」と手をとって教えてあげてください。

## 楽しいのはどんなとき？

>>> 【自分でできることが増えるころ】

【遊び方】 お風呂のときやお布団に入ったときに、「公園でつくったお山、上手だったね」「いっしょに食べたプリン、おいしかったね」など、楽しかったことを振り返って話をします。
【ポイント】 子どもがしたことや言ったことを、おもしろく話をしながら楽しかったことを探します。その日のことだけでなく、特別楽しかった日を振り返って話をしてもいいでしょう。

## すべすべ泥だんご

>>> 【自分でできることが増えるころ】

【遊び方】 公園の土に水をかけ、土をかき集めておだんごをつくります。さらに少し湿らせた砂を何度もかけながら、表面を丸くさすってすべすべにします。
【ポイント】 子どもはどろ遊びが大好き。表面をすべすべピカピカにするコツは、泥だんごの水をしぼるようにギュッと丸くかためること。そして、最後の仕上げにやさしく何度もさすることです。

**2歳**

## お外でお茶ごっこ

>>> 【自分でできることが増えるころ】

**遊び方**

水筒にお茶を入れて、庭やベランダでティータイム。やさしい風の音や木漏れ日を感じながら、みんなで楽しくお茶を飲みましょう。

**ポイント**

外でお茶を飲むだけで、特別な時間のように感じさせてくれます。ちょっとしたおやつをいっしょに食べるのも楽しいものです。公園まで行く時間がないときや、ちょっと気分転換したいときに。

173

# 手遊び歌 ⟫ 0歳

# いっぽんばし こちょこちょ

（わらべ歌）

### 遊びのねらい

赤ちゃんとのふれ合い遊びです。繰り返し起こることを予測して楽しみます。慣れてくると、最後の「こちょこちょ」が来る前に笑ったり、期待した眼差しを向けるようになります。

## ① いっぽんばし

指を1本立て、赤ちゃんの手のひらをなぞる。

## ② こちょこちょ

赤ちゃんの手のひらをこちょこちょする。

## ③ たたいて

手のひらを軽くたたく。

## ④ つねって

手のひらを軽くつねる。

## ⑤ かいだんのぼって

指2本で手のひらからひじに向かって、駆け上がるようにのぼる。

## ⑥ こちょこちょ

体全体をこちょこちょする。

---

**アレンジ**
**指の数を増やす**
指を2本立てて「にほんばし」、3本立てて「さんぼんばし」でも遊びます。

**アレンジ**
**ほかの場所でも遊ぶ**
手だけでなく、足やおなかなどほかの体の部位でも遊びましょう。

**アレンジ**
**何度か繰り返す**
⑤で「かいだんのぼってまたおりて」と何度か繰り返し、いつ来るのかわからないドキドキを味わいます。

# 手遊び歌 ⋙ 0歳

# いとまき

（作詞：不詳　外国曲）

いと まき まき いと まき まき ひいて ひいて とん とん とん
できた できた こびとさんの おくつ

### 遊びのねらい

同じ言葉の繰り返し、両手をグルグル回す動きが赤ちゃんに人気。まだ自分ではできないので、大人が手をとって遊んであげてください。

「こびとさん」を赤ちゃんの名前にしてもいいですね。腰がすわってきたら大人のおひざに乗せて遊んでも楽しいでしょう。

① いーとまきまき
両手をグーにして、胸のあたりでグルグル回す（かいぐり）。

② いーとまきまき
1と同様にする。

ひいて ひいて
胸の前でグーを合わせ、左右に2回引く。

④ とんとんとん
両手をグーにして、上下に入れ替えながら打ち合わせる。

できた できた
拍手する。

⑥ こびとさんの おくつ
両手でくつを持ち、足にはくまねをする。

### アレンジ

⑥を変えて歌います。

ぼうし
両手で頭の上に三角をつくる。

めがね
親指と人差し指で輪っかをつくり、目に当てる。

# げんこつやまの たぬきさん

（作詞：不詳　わらべ歌）

### 遊びのねらい

「おっぱいのんで」「ねんねして」など、赤ちゃんにとって日常のできごとがいっぱい出てきます。大人が歌詞のとおりの動作をして、赤ちゃんに見せてあげましょう。大きくなってきたら、自分からまねをするようになります。

### アレンジ

2歳くらいになったら「せっせせーのよいよいよい」と言って始めても。両手を握り合い「せっせせー」で上下に3回振り、「よいよいよい」で腕を交差させます。「またあした」では、ジャンケンをしましょう。

## ①
### げんこつやまの たぬきさん
両手をグーにして、上下に入れ替えながら打ち合わせる。

## ②
### おっぱい のんで
両手を口のそばに持ってきて、指をパクパクさせる。

## ③
### ねんねして
両手を合わせて、左右1回ずつほほに当てる。

## ④
### だっこして
両手を胸で合わせて、だっこしているようなしぐさをする。

## ⑤
### おんぶして
両手を後ろに回して、おんぶしているようなしぐさをする。

## ⑥
### また あし
両手をグーにして、胸のあたりでグルグル回す。

## ⑦
### た
両手でピースする。

# 手遊び歌 ≫ 0歳

# あたま かた ひざ ポン

（作詞：不詳　イギリス民謡）

### 遊びのねらい

大人が赤ちゃんの手をとっていっしょに遊んだり、大人が手遊びをしているところを見せてあげましょう。1歳近くなってきたら、頭、肩、ひざなどの場所を覚えてきて、自分で楽しむようになってきます。

### アレンジ

頭、肩、ひざなどの部位を変更して、遊びながら名前を教えてあげましょう。また、「ポン」の数を「ポンポン」「ポポポン」などに変更して遊ぶと、盛り上がります。

あたま
両手を頭にのせる。

かた
両手を肩にのせる。

ひざ
両手をひざにのせる。

ポン　ひざ
ポン　ひざ
ポン
手を1回たたく。
③、④を繰り返す。

あたま
かた
ひざポン
①〜④を繰り返す。

め
両手で目をおおう。

はな
両手で鼻をおおう。

くち
両手で口をおおう。

# 手遊び歌 ≫ 1〜2歳

## グーチョキパーで なにつくろう

（作詞：斎藤二三子　フランス民謡）

グー チョキ パー で　グー チョキ パー で　なに つく ろう　なに つく ろう
みぎて は グー で　ひだり て は チョキ で　かたつむり　かたつむり

### 遊びのねらい

グーチョキパーの組み合わせで、かたつむりやちょうなどをつくります。グーチョキパーの動きひとつをとっても、子どもには難しいものです。ジャンケンの動作を行うことで、指の動かし方を身につけましょう。チョキがスムーズにできるようになるのは2歳からです。

## ① グーチョキパーで
両手でグーチョキパーをする

## ② なにつくろう なにつくろう
両手を開いて左右に振る。

## ③ みぎてはグーで ひだりてはチョキで
右手でグー、左手でチョキをつくる。

## ④ かたつむり かたつむり
チョキの上に、グーをのせる。

### アレンジ

④のときに右手と左手の組み合わせを変えて、バリエーションを楽しみましょう。

**ちょうちょ**
右手がパーで、左手がパーでちょうちょ

**ヘリコプター**
右手がグーで、左手がパーでヘリコプター

**雪だるま**
右手がグーで、左手がグーで雪だるま

**ラーメン**
右手がチョキで、左手がパーでラーメン

# 手遊び歌 ≫ 1〜2歳

# あんぱん食パン
（作詞：不詳　フランス民謡）

あん ぱん しょく パン あん ぱん しょく パン クリーム パン クリーム パン
サンド イッチ ドー ナツ サンド イッチ ドー ナツ クロ ワッ サン クロ ワッ サン

### 遊びのねらい
「グーチョキパーでなにつくろう」と同じ曲で、歌詞違いです。パンの形を手でつくって遊びます。おもしろい動きがたくさん入っているので、親子で楽しく遊びましょう。

### アレンジ
「食べたいパンはなんですか？」「はい、どうぞ」と渡すまねをして遊んでも。「ぞうさんのパンだから大きくつくろう」「ねずみさんのパンだから小さくつくろう」と言ってフリを大きくしたり小さくしたりして変化をつけても楽しいです。

### あんぱん
両手をグーにしてほほに当てる。

### しょくパン
両手とも親指と人差し指を立て、顔の横に当てる。

### あんぱん しょくパン
①、②を繰り返す。

### クリームパン
「クリーム」で両手を胸の前でグーにして、グルグル回す。「パン」で1回手をたたく。③、④を繰り返す。

### サンドイッチ
両手でほほをはさむ。

### ドーナッツ
両手を広げ、体の前で輪をつくる。⑤、⑥を繰り返す。

### クロワッサン
胸のあたりで、両手でパンをねじる動作をする。もう1回繰り返す。

## 手遊び歌 ≫ 1~2歳

# とんとんとんとん ひげじいさん

（作詞：不詳　作曲：玉山英光）

とん とん とん とん　ひげじいさん　とん とん とん とん　こぶじいさん

とん とん とん とん　てんぐさん　とん とん とん とん　めがねさん

とん とん とん とん　てはうえに　きら きら きら きら　てはおひざ

### 遊びのねらい
こぶしを上下に打ち合わせるのは1歳はじめごろには難しい動作なので、大人が手を持って打ち合わせる、拍手に変えるなど、子どもに合わせて変更してあげましょう。

### アレンジ
「ひげじいさん」の後に「バサッ」と言ってこぶしをあごから離す、「こぶじいさん」の後は「ポロッ」と言ってこぶしをほほから離す、のように動作を入れます。てんぐさんは「ポキッ」、めがねさんは「ズルッ」。最後は、手をおしりに持っていきます。

## ①
### とんとん
### とんとん
両手をグーにして、上下に入れ替えながら打ち合わせる。

## ②
### ひげじいさん
あごの下でこぶしを上下に重ねる。

## ③
### とんとん
### とんとん
### こぶじいさん
と同じ動作のあと、左右のほほにこぶしを当てる。

## ④
### とんとん
### とんとん
### てんぐさん
と同じ動作の後、こぶしを合わせて鼻に当てる。

## ⑤
### とんとん
### とんとん
### めがねさん
とと同じ動作の後、親指と人差し指で輪っかをつくり、目に当てる。

## ⑥
### とんとん
### とんとん
### てはうえに

①と同じ動作の後、両手を上に上げる。

## ⑦
### きらきら
### きらきら
両手を上に上げたまま、両手のひらをひらひらと振りながら下げる。

## ⑧
### てはおひざ
両手を下げ、両ひざに当てる。

## 手遊び歌 ≫ 1~2歳

# おおきくなったら なんになる

（作詞：不詳　アメリカの童謡）

### アレンジ
「なんのお仕事がしたいかな？」「こんなお仕事、知ってる？」と話しながら、いろいろな仕事について話すのも楽しいものです。その仕事に合う動きを考えてみましょう。

### 遊びのねらい
いろいろな仕事を、手や指を使って紹介していきます。「大きくなったら、どんな仕事をするのかな？」と想像力が広がる遊びです。テンポがよくて覚えやすい曲調なので、親子で盛り上がりましょう。「3本指」は難しいので、2歳後半からがおすすめです。

## ①
### おおきくなったら なんになる
顔の右側で拍手する。

## ②
### おおきくなったら なんになる
顔の左側で拍手する。

## ③
### いちのゆびで なんになる
指を1本立てる。

## ④
### チクッと ちゅうしゃの おいしゃさん
③の指で、反対側の腕に注射をするまねをする。

## 2番
### かみのけきります とこやさん
2本の指をはさみに見立てて、髪を切るまねをする。

## 3番
### クリームまぜるよ ケーキやさん
3本の指を泡立て器、反対の腕で輪をつくってボウルに見立てて、クリームを泡立てているまねをする。

## 4番
### みんなをまもるよ おまわりさん
4本の指を立て、敬礼する。

## 5番
### どすこいどすこい おすもうさん
両手を広げて右手と左手を交互に前に出し、つっぱりのまねをする。

## 手遊び歌 ≫ 1〜2歳

# おべんとうばこのうた

(わらべ歌)

これくらいの おべんとばこに おむすびおむすび
ちょいとつめて きざーみしょうがに ごましおふって
にんじんさん ごぼうーさん あなーのあいた
れんこんさん すじーのとおったふき

### アレンジ
「にんじんさん」「ごぼうさん」など指を立てるところが難しければ、手拍子にして遊びます。小さいお弁当箱、大きいお弁当箱などサイズを変え、それに合わせて動作も小さくしたり大きくしたりしてもいいでしょう。

### 遊びのねらい
お弁当箱におにぎりやおかずを詰めていく動作がおもしろく、いまも昔も子どもに人気です。切るまねをしたり指を立てたりといろいろな手の動かし方が入っているので、手先を動かす練習にもなります。「3本指」は難しいので、2歳後半からがおすすめです。

## ①
### これくらいの
### おべんとばこに
両手の人差し指で四角を2回つくる。

## ②
### おむすびおむすび
### ちょいとつめて
両手でおにぎりを握るまねをする。

## ③
### きざみしょうがに
両手をパーにする。片手で包丁、片手でまな板に見立てて、刻んでいるまねをする。

## ④
### ごましおふって
両手でパッパッとごましおを振っているまねをする。

## ⑤
### にんじんさん
片手は2本指、片手は3本指を立てる。

## ⑥
### ごぼうさん
5本指と3本指を立てる。

## ⑦
### あなのあいた
### れんこんさん
両手の親指と人差し指で輪をつくり、目に当てる。

## ⑧
### すじのとおった
### ふき
「すじのとおった」は片方の腕をのばして、下から上になであげる。「ふき」でのばしていた腕を曲げ、手のひらに息をふきかける。

**監修　波多野名奈**（はたの なな）
千葉経済大学短期大学部こども学科准教授。
東京大学大学院教育学研究科　博士課程満期退学。教育学修士。
保育士資格を取得後、乳児を対象とした都内保育施設にて勤務の
のち、現職。著書に『コンパス乳児保育』（建帛社、共著）ほか。

**イラスト　モチコ**
娘（2014.3生）と息子（2017.2生）に毎日ツッコミながら暮らす
関西人主婦。4コマ育児日記をSNSで公開。著書に『育児ってこ
んなに笑えるんや！』（ぴあ）。
ブログ「かぞくばか～子育て4コマ絵日記～」
インスタグラム @mochicodiary

■STAFF
デザイン　　細山田光宣＋奥山志乃（細山田デザイン事務所）
編集　　　　後藤加奈（ロビタ社）
遊び案協力　今井明代
原稿協力　　兼子梨花
楽譜作成　　前田明子
DTP　　　　システムタンク
校正　　　　聚珍社

## 心と体がのびのび育つ
# 0〜2歳児のあそび図鑑

監修者　波多野名奈
発行者　池田士文
印刷所　TOPPANクロレ株式会社
製本所　TOPPANクロレ株式会社
発行所　株式会社池田書店
〒162-0851
東京都新宿区弁天町43番地
電話03-3267-6821（代）／振替00120-9-60072

落丁・乱丁はおとりかえいたします。
©K.K.Ikeda Shoten 2018, Printed in Japan
ISBN978-4-262-15442-8
JASRAC 出1812878-801

本書のコピー、スキャン、デジタル化等の無断複製は著作権法上での例外を除き禁じられています。本書
を代行業者等の第三者に依頼してスキャンやデジタル化することは、たとえ個人や家庭内での利用でも
著作権法違反です。

25052007

シェイクスピアの作品ほど密接なものではない。キッドとマーロウの作品においては、音楽は人物描写や内面の表現よりも、舞台上の出来事を描写し、登場人物間の相互作用を促すために使用されていると言えよう。

四　結　語

本稿では、劇作品における音楽使用を分析するための、新しい分類方法を提示した。無論、この分類枠は今後さらに多くの音楽使用例を対象とすることで、より適切な形に変わるべきものであるが、シェイクスピアと他作家の劇作品における音楽使用の一面を可視化する手助けとなると思われる。さらに、シェイクスピアと他作家の劇作品の比較を通して、類型的使用を通して、各々の特徴を概観した。シェイクスピア、キッド、マーロウの作品に共通して、類型的使用が大半を占めるものの、個別的使用の種類、頻度の違いが、音楽がどのように作品に統合されているかを反映している。このことから、エリザベス朝劇作家の音楽使用の特徴をさらに詳細に、かつ広範囲の作品を対象に分析することで、個別的な音楽使用の特徴をより明瞭に示すことが可能になると期待される。また、本論ではとりわけシェイクスピアの作品では、類型的使用と考えられる音楽の使用も、それぞれの例を見ると微妙な使い分けがされている。類型的使用、個別的使用それぞれの小カテゴリー内の例について、より細かく検討していくことが必要である。